湖北省教学研究项目"体育艺术类课程'五星级'教学模式培养学生'四种能力'的教学改革探究"（2021289）

体育艺术类课程"五星级"教学模式培养学生"四种能力"的教学改革探究

宓钟琪　著

中国海洋大学出版社

·青岛·

图书在版编目(CIP)数据

体育艺术类课程"五星级"教学模式培养学生"四种能力"的教学改革探究 / 宓钟琪著. —青岛：中国海洋大学出版社，2023.9

ISBN 978-7-5670-3623-9

Ⅰ.①体…　Ⅱ.①宓…　Ⅲ.①体育教学－教学改革－高等学校②艺术教育－教学改革－高等学校　Ⅳ.①G807.4②J114-4

中国国家版本馆 CIP 数据核字(2023)第 177311 号

出版发行	中国海洋大学出版社		
社　　址	青岛市香港东路 23 号	**邮政编码**	266071
出 版 人	刘文菁		
网　　址	http://pub.ouc.edu.cn		
电子信箱	2586345806@qq.com		
订购电话	0532-82032573(传真)		
责任编辑	矫恒鹏	**电　　话**	0532-85902349
印　　制	日照报业印刷有限公司		
版　　次	2023 年 9 月第 1 版		
印　　次	2023 年 9 月第 1 次印刷		
成品尺寸	170 mm×240 mm		
印　　张	10		
字　　数	169 千		
印　　数	1～1000		
定　　价	49.00 元		

发现印装质量问题,请致电 0633-8221365,由印刷厂负责调换。

前　言

自教学改革实施以来,我国各大高校在课程内容、结构以及体系方面进行了多方面的尝试和探索,高校体育教学也不例外。在体育教学实践中将艺术与体育有机地结合起来,形成了高校体育课程的一个重要分支,即体育艺术类课程。体育艺术类课程教学既能提升大学生的体育能力,也能提升大学生的艺术审美能力,极大地促进了大学生综合素养的提升和能力的全面发展。

体育艺术类课程,这一高校体育课程分支自明确提出以来,其教学和改革就一直在探索和创新中进行,并取得了一定的成果。"五星级"教学模式是一种基于当前教学存在的问题而提出的提高教学质量和教学有效性的教学模式。其核心步骤是聚焦问题、激活旧知、示证新知、应用新知、融会贯通。基于"五星级"教学模式和高校人才"四种能力"培养的目标,我们进行了体育艺术类课程教学优化的研究和探索。体育艺术类课程"五星级"教学模式培养学生"四种能力",就是要在教学过程中遇到问题时以核心步骤为解决问题的思想策略,以体育艺术课程教学为主体,辅以运动训练、科学研究、社会服务、校园文化等,培养大学生的实践能力、创造能力、就业能力和创业能力。这在优化体育艺术类课程教学效果、构建大学生素质能力培养体系、提升大学生综合素质、培养出符合社会需求的高水平人才等方面,具有非常重要的意义。

本书在对体育艺术类课程基本理论、教学现状以及"五星级"教学模式和"四种能力"的基本内涵进行阐述的基础上,就体育艺术类课程对大学生"四种能力"(实践能力、创造能力、就业能力、创业能力)培养的价值、影响因素以及培养策略等进行了深入的研究和探讨。最后对高校体育教学评价的内容、特点、现状以及评价创新策略等进行了论述,对基于培养学生"四种能力"的体育艺术类课程评价模式进行了探索。本书期冀为丰富相关领域的研究成果、推动体育艺术类课程教学的研究与实践提供参考。

在本书的撰写过程中,笔者参考并借鉴了有关体育教学、体育艺术课程、大学生"四种能力"培养等方面的出版文献及最新科研成果,在此谨向引文的原著者表示衷心的感谢。限于笔者的经验和水平不足,书中难免存在不妥之处,敬请各位专家、同仁和广大读者批评指正,以便本书的修订和完善。

作　者

2023 年 3 月

目　录

第一章 导 论

第一节 体育艺术类课程基本概述

一、体育艺术类课程的相关概念及性质与目标

(一)体育艺术

体育艺术是在体育学科、艺术学科发展的基础上而产生的概念。对于体育与艺术关系密切的认知,现代奥林匹克运动会(以下简称奥运会)创始人顾拜旦在奥运会创始之初就提出了体育应与文化艺术相结合的观点。体育与艺术的交叉影响最早仅限于舞蹈的范围,随着社会的发展,体育与艺术越来越多地融合,形成了杂技艺术的基础。文化自身发展的内在矛盾和规律是促成体育与艺术相融合的内在依据,由此产生了这些新的且短时间内能迅速普及的体育艺术项目,如音乐与体操项目相融合出现了艺术体操、健美操;水上项目和舞蹈、音乐相融合出现了表演性极强的花样游泳。[①]

在国家教育改革体制下,体育与艺术在发展的路径上的综合与交融,进而创造出一门新兴的交叉学科"体育艺术"。随着体育科学体系的不断完善,体育各专业体系的分支将越来越精细、准确,将更加顺应现代体育文化事业和教育事业的发展。为了满足人们对体育的艺术观赏性的新需求,艺术正朝着体育领域逐渐地延伸和扩展,同时体育将艺术元素作为自身的重要构成要素,以此提高体育的艺术性,从而吸引更多的体育参与者。随着体育与艺术的相互渗透,体育艺术越来越为人们所关注。总之,广义的"体育艺术"是指体育及与体育相关领域艺术化体育运动和各种各样的艺术现象的总称,是体育学科与艺术学科

---

① 翟延立. 运动艺术论[M]. 武汉:华中师范大学出版社,2010:27.

的一门综合交叉学科,是体育学与艺术学两门学科的有机融合和深入发展,是体育学科和艺术学科的重要组成部分;狭义的"体育艺术"是指一种含有较强审美和艺术元素的,以身体练习为基本手段、以体现人的身体运动能力,促进人的全面发展,有组织、有节奏的社会体育文化活动。[①]

(二)体育艺术类课程

从课程概念的角度看,体育艺术类课程是体育课程下的一个分支学科课程,是现代体育课程改革深化过程出现的新范畴、新概念。从体育艺术发展的角度看,体育艺术类课程是体育艺术类项目开展教学的活动。体育艺术类项目包括健美操、艺术体操、体育舞蹈、街舞、啦啦操、踏板舞、爵士舞等,这些体育项目具有艺术表现力、表演特性和健身功能。体育艺术类课程也称为"艺术类体育课程",即艺术化了的、具有艺术特性的体育课程。它融入了艺术因素,具有艺术性、情感激发性。体育艺术类课程是高等教育改革后的新兴项目,课程的产生既依据自身项目的特点又迎合了当代高等教育改革与发展的总趋势,因此适应于如今公共体育课程内容的需求,渐渐成为高校体育教育的重要组成部分。在高校开设体育艺术类课程,不仅能够涵养大学生的自我创新能力和情感,提高大学生艺术修养和审美意识,还能通过有效的锻炼发展大学生的个性,塑造完善、自信、健全的人格,因此备受大学生的喜爱和欢迎。

体育艺术类课程是集合体育与艺术两方面元素,以发展学生体能、促进学生身心健康、培养学生运动健康美为教学目的,具有艺术性、观赏性和锻炼价值,综合体育、舞蹈、音乐等多种艺术于一体的课程。开展体育艺术类课程,通过体育艺术类项目的教学,可以促进学生对运动美、健康美、身体造型美等的展现,培养学生审美能力,增强体质,为提升大学生综合素养提供助力。

(三)体育艺术类课程的性质与目标

体育艺术类课程的性质是把融入了艺术成分的运动项目作为主要练习手段,并利用特定的艺术形式进行体育教学的一系列课程。它是学校体育教育课程体系的重要组成部分,是实施学生身体素质与人文素质教育的重要途径,它也反映了现代体育课程将来的走向。

---

① 李敏,马鸿韬.体育艺术基本理论体系构建——"体育艺术"概念辨析[J].北京体育大学学报,2011(5):30-35.

体育艺术类课程的目标应立足于让学生对体育艺术类项目的理论知识、运动技术和应用实践能力的掌握,从学生的兴趣和爱好出发,培养学生良好的体育锻炼习惯,提高学生的体育能力、艺术水平、审美情趣、个人心理素质和人际交往能力、合作意识、健康意识,使学生形成乐观向上的、积极努力的、追求艺术的良好生活态度。

二、体育艺术类项目的分类

体育艺术类项目的分类多种多样。关于体育艺术类项目的分类在学术界并没有一个明确的标准与结论。体育艺术类课程是体育项目与艺术相融合的产物,在形式、内容、目标上都具有特殊性。

根据体育项目中所含的艺术元素比重分类,可以将体育艺术类项目分为四类:

(1)融入艺术的体育项目,包括民族舞、排舞、街舞、迪斯科、体育舞蹈等;

(2)艺术体育项目,包括花样滑冰、艺术体操、团体操、花样跳伞、健美操、花样游泳、花样滑轮等;

(3)亚艺术体育项目,包括竞技体操、跳水、杂技、马术、单板滑雪等;

(4)潜艺术体育项目,包括冲浪、普拉提、瑜伽等。

根据项目运动类型分类,可以将体育艺术类课程项目分为七类:

(1)健体类,即以强身健体为主要目的的项目,如有氧健身操、搏击操;

(2)新潮类,即新兴起的健身项目,如街舞、啪啦啪啦舞、拉丁健美操;

(3)竞技类,即以竞赛为主要目的的项目,如竞技健美操、花样滑冰、花样游泳;

(4)保健类,即以保健为主要目的的项目,如瑜伽;

(5)民族特色类,即具有民族特色的项目,如东北大秧歌、安塞腰鼓、竹竿舞;

(6)塑型类,即以塑造良好体型为主要目的的项目,如大众艺术体操、形体训练、水中有氧操;

(7)娱乐类,以娱乐为主要目的的项目,如啦啦操,现代舞。[①]

根据项目特点分类,可以将体育艺术类项目分为三类:

(1)舞蹈类艺术体育项目,包括体育舞蹈、花样滑冰、花样游泳、形体训练、舞蹈啦啦操等;

(2)体操类艺术体育项目,包括健美操、艺术体操、技巧啦啦操、跳水、竞技

---

① 季华. 湖北省高校体育艺术类课程教学现状研究[D]. 武汉:华中师范大学,2007.

体操等；

(3)民族传统类艺术体育项目,包括武术、舞龙狮、瑜伽等。

还有学者根据体育艺术类项目的功用分类,可以将体育艺术类项目分为健身性体育艺术类、竞技性体育艺术类、表演性体育艺术类。

三、体育艺术类项目对学生身心和谐发展的意义

(一)有助于提高大学生身体健康水平

身体健康是学生参加体育课程学习的第一需求。体育艺术类项目通常以有氧运动为主。有氧运动是指人体在运动的过程中,吸入的氧气量与消耗的量相等时进行的体育运动。它的特点是强度较低,持续时间较长。由于运动时间相对较长,有氧运动能够消耗人体多余的脂肪,改善和提高身体各系统的功能。因此,体育艺术类项目能够起到强身健体、塑造形体的作用,对于学生保持健康理想的体重,增强肌肉力量、心肺功能以及提高学生的身体协调性等方面有着重要的作用。

(二)有助于满足大学生心理方面的需求

心理健康主要指一个人能够在思想、意志、情绪及人际关系和社会关系等方面都呈现出一种良好且平衡的状态。当代大学生虽拥有较好的物质条件和理想的学习和生活环境,但他们面对的压力也比较大。因此,大学生群体必须具备良好的心理素质和强大的心理承受能力,更需要具备坚强的意志和良好的性格才能够平和地应对一切。体育艺术类项目在满足大学生心理需求中发挥着非常重要的作用,能够帮助和引导大学生树立起正确的思想观念和培养良好的心理品质。

(三)有助于提升大学生的人文素质

首先,体育艺术类项目内容非常丰富,大学生在参与不同项目的过程中,不仅可以产生不同的认知和感受,而且会不断加强与其他同学以及教师之间的交流,帮助引导大学生树立起正确的价值观,提高他们的人文素养。

其次,体育类艺术项目有助于提高大学生的审美情趣。众所周知,体育艺术类项目中包含着多元化的艺术元素和很多具有美学价值的东西,大学生在参

加这些项目时,既会感受到强烈的视觉冲击,也会感受到不同体育艺术类项目对于美的不同定义和追求,在学习和实践着美学知识和美学理念。此外,体育艺术类项目还有助于促进大学生的个性发展,它在培养大学生的运动灵魂和运动知觉中都发挥着非常重要的作用。大学生在参加体育艺术类项目的过程中会逐渐学会用人文态度去面对和解决实际遇到的困难和问题,发现和挖掘自己的兴趣爱好,充分展现出个人风采。

四、体育艺术类课程的价值

(一)推动高校体育课程教学改革的发展

在知识经济高速繁荣的时代背景下,高校担负着直接向社会输送具有创新能力、全面发展的高素质人才的重任。高校在全面贯彻素质教育的指导下,既注重对学生智育的培养,又注重学生的德育、体育、美育的全面培养,为社会输送全面发展的高素质人才,从宏观角度看,高校对学生进行全面的素质教育,体育教育与艺术教育都是其中重要的组成部分。体育是学校教育的重要组成部分,在实施素质教育的过程中占有着极为特殊的地位。随着科学技术和人文精神的普遍发展,人们对美的追求、对美的渴望使得人们更加热衷于追求艺术和时尚的元素,集"健身""力量""舞蹈""审美"于一体的体育艺术类课程充分展示了体育和艺术的魅力,从而满足了当代学生对体育的需求。体育艺术类课程是体育与艺术在各自领域不断发展过程中两种文化相融合的新型课程,虽然是体育与艺术相结合的课程,但体育艺术类课程并没有改变体育的本质属性。体育艺术类课程既有体育教育的功能,也具有艺术教育的功能。体育艺术类课程扩大了体育发展的维度,给体育注入了活力和无穷的动力,增加了体育的健康功能和审美情趣。体育艺术类课程的开设对高校学生全面素质的培养有很大的帮助,使学生在紧张的课业学习外,不仅能够增强体质,塑造形体,完善健康机能,提高审美情趣,丰富生活情趣,还能够使锻炼者充分感受到艺术带给体育的魅力,体现出与传统体育运动不同的特点,如欣赏美、造型美、表现美、时尚美。体育艺术类课程在音乐伴奏下,配合着具有艺术特性的、变化形式众多的动作练习,从而激发了学生的学习兴趣。体育艺术类课程包含的内容既有体育性质又有艺术性质,教学的方式方法和手段更加灵活,它满足了现代体育课程发展的需求,是组成学校体育教学的重要内容。在高校的开展体育艺术类课程不仅能够使学生的身体得到锻炼,而且在一定程度上可以对学生的表现力和艺术审美有较大提升,进而充分挖掘学生的潜能,发展学生个性,塑造学生健康积极向上的人格。

(二)发挥教育功能

教育的目的是让学生学会学习、敢于实践、善于沟通、学会发展。具体来说,教育的目的如下:第一,学生学习知识的过程,即对知识的理解与掌握的过程,也是学生认识世界的第一步;第二,敢于实践,即把学习到的理论知识付诸实践行动并胜任其工作的能力;第三,善于沟通,即在一定的社会环境中有与人相处,并进行参与、合作的能力;第四,学会发展,即通过学习激发自己的自主性、判断力和责任感,并能够付诸行动。这四点也是人文素质教育的最终目标与基本要求。而艺术教育对大学生人文素质的培养有着举足轻重的作用,要将艺术教育融入人文教育体系,只有通过开设相关艺术类课程或者开展相关艺术类活动并且将它融合到人文学科中,才能更完美地实现其教育功能。目前各高校体育艺术类课程的开设,满足了艺术融合于教育中,让艺术教育形式化,充分发挥了体育艺术类课程培养大学生人文素质、提升综合素养的作用,并且在尊重学生的学习兴趣的基础上,从学生自身发展出发,开阔了大学生的视野,拓展了他们个性发展的空间,丰富了他们的精神生活,使他们自觉地、积极地参加体育艺术类课程的教学中,有利于学生综合素质的提升。

体育艺术类课程的开设,对于高校学生来说,能使他们更全面地认识和对待体育,理解体育的博大精深,正确发挥体育功能,同时让学生从体育艺术类课程中了解到体育不仅仅是对抗、竞技,体育还可以有音乐,不仅有娱乐性,更有深层次的艺术审美的特性,通过体育体现出的艺术是完全不一样的艺术表现形式。因此,体育艺术类课程能帮助增强大学生的自主锻炼意识,增强体质,从而达到培育终身体育意识的目的,也有利于全面健身计划提出的方针政策的实施。

(三)推动现代体育的发展

随着现代文明发展,体育运动已不是单纯地为了锻炼身体与增进健康,而是对高品质的生活方式和高层次精神享受的需求。现代体育更趋向于展现美,而美也渗透到体育中。高校体育艺术类课程教学展现了体育以人为本的特殊理念。其开展,必然促进现代体育事业的发展。

第二节 高校体育艺术类课程教学现状分析

一、师资队伍的结构与专业素养

随着教学模式与教学内容改革的加快,普通高校体育艺术类课程开设开展所需的师资力量存在断层现象。传统的体育课程教师结构与素养已形成了几十年,具有稳定性与封闭性的特征,而体育艺术类项目是以一个新面貌逐步呈现在大家的眼前,体育艺术类课程教师需具备的素质、技能与传统体育课程教师相比具有较大的差距。体育艺术类课程教师不仅需要具备一般的体育项目的教学能力与技巧,还需具备艺术(如舞蹈、音乐等)水平,这就使得普通高校在开展体育艺术类课程上存在明显短板。

通过调查分析发现,普通高校负责健美操课程教学任务的教师人数充足,而负责其他艺术类项目的专业课教师人数较少,且教师的性别比例较为悬殊,年龄结构老龄化初显。通过访谈了解到,体育艺术类教师在职进修培训机会少、时间短,在一定程度上难以保证教学质量,容易出现教学水平落后的现象。但是普通高校体育艺术类课程教师的理论水平较高,有一定的科研水平。有一些教师还编写了适合学校的校本教材,能充分发挥校本优势。

二、课时安排情况

根据对湖北省部分高校开设体育艺术类课程的课时数进行的调查结果显示,被调查学校的必修课教学时间都是两学年——四个学期,每学期36~38课时,第一学年的教学内容一般选择简单的大众健美操、稍有难度的广场舞或简单的排舞,动作易掌握;第二学年会开设一些稍有难度的交谊舞、街舞或当今流行的一些民族舞蹈等教学内容。高校开设全校性的体育艺术类公共选修课,内容多为形体与健美、瑜伽、街舞等学生比较喜爱的项目,且时间一般都放在晚上七点到八点半,在确保学生有时间的前提下激发学生的学习兴趣,提高教学影响力。其中不乏高校还在大三开设一年的选修课,内容多为排舞、街舞、瑜伽、爵士等学生较喜欢的项目,使学生在两年必修课的学习结束后能依据自己的喜好选择课程,课程的教学质量高,往往有超出预期的教学效果。

三、教材与教学计划

教材是体育教学的构成要素之一,是学生学习运动技术的重要辅助材料。教材是根据教学大纲制定的教学媒介,是教师备课、上课的主要依据和完成教学任务的基本条件,具有一定的合理性和有效性。体育教学的主要目的是促进锻炼者身体健康。由于体育艺术类课程包括很多种类,内容丰富多样、风格各不相同,所以体育艺术课程教材中常常有具体动作的图解并附带一些音像资料,使学生通过教材直观感受到体育艺术类课程的好处,大大地提高了教学效果。

高校体育艺术类课程开展的一个重要限制因素是教材的缺乏与不合理。多数普通高校缺乏体育艺术类课程教材,主要表现在以下两方面:一是内容上的缺乏,体育艺术类课程项目众多,很多高校开设的只是众多体育艺术类课程项目中的少数几个,其中武术、啦啦操、街舞是开设较多的项目。体育艺术类课程项目种类繁多,风格各异,内容丰富多样,需要配套的教材更为丰富多样。例如,健美操这一项就有很多不同的风格的项目,如拉丁健美操、搏击健美操、街舞健美操等。二是数量上的缺乏,很多高校只有图书馆藏有少量的体育艺术类课程教科书,这部分教科书只能满足少部分教师和学生的需要。

教学计划是对课程实施的整体规划,是学校和教师以国家颁布的体育指导文件为主要依据,结合学校的实际情况和学生需求,适应社会需求并参照学校所选用的体育教材制订的课程目标体系,对体育教学的实施有一定的指导作用。

从各高校教师问卷的调查结果得出,有81%的高校对于所开设的体育艺术类课程有相对完全的教学计划,19%的高校只有部分体育艺术类课程的教学计划,如健美操、有氧舞蹈等主要教学项目。此调查结果表明,高校的体育艺术类课程并不是随意安排的,是学校根据自身情况和学生喜好进行有目的、有计划的安排,能确保部分教学目标的实现。还有一些未制订教学计划的课程,如瑜伽、体育舞蹈等课程,教师一般都根据自身具体情况和学生需求选择教学内容,这种状况能不能确保教学按计划进行?学生能不能接受教学内容?是否能达到预期的教学目标并完成教学任务?就不得而知了。像这种没有教学计划的教学不利于课程的发展,不仅会影响教学质量,还会影响学生学习兴趣和终身体育意识的形成。教学计划是保证体育教学工作有序进行的基础,领导和教师都应该认识到制订体育教学计划的重要意义,应对学校的体育教学现状查漏补缺,加以改善。

教学计划是根据学校实际条件、社会流行情况和学生喜爱程度,由相关领导和教师一起制订的,在制订时,必须考虑天气、假期及学校大型活动,如运动会或大型比赛。教学计划是教师教学的参考依据。调查发现,有些学校多年未修改教学计划,教学计划既不符合当前学校的发展现状,又不能满足学生的需求,教师只能依据教学现状和学生需求改变教学内容。可见教学计划对教学能否顺利进行起着至关重要的作用,所以应及时修改和更新。

四、课程开展的场地与器材

场地与器材缺乏是普通高校体育艺术类课程开展的物质基础,没有场地与器材方面的保障,体育艺术类课程的课程价值和教学目标难以实现。普通高校根据师资力量、地方特色及校本特色对开设项目进行筛选,通过调查分析发现,大部分普通高校开设了体育舞蹈、啦啦操、健美操、街舞、瑜伽等项目,其中开设时间最长的项目是健美操和啦啦操,其次是体育舞蹈、有氧舞蹈等,目前开设情况较好。[①] 体育艺术类课程与其他课程不同,是一种体育与艺术组合并要求表现美的项目。严格来讲对场地有一定要求,最好在室内,而且有把杆、镜子、音响等,如体育舞蹈要求木地板;瑜伽要求有镜子且必须配有瑜伽垫,最好可以在安静的地方,如果没有相应的场地与器材保障,难以达到预想的教学质量。对于公体教学要求可以低一些,比如室内的篮球馆或室外较平整的地方都可教学,但湖北省许多学校的教学设施还达不到基本的要求。体育艺术类课程教学场地与场地设备条件较差,是阻碍项目发展的最大阻力,若拉丁舞、摩登舞、民族民间舞、艺术体操蹈等项目在室外进行教学势必会影响教学成果和教学质量。

五、学生参与情况与学习效果

体育艺术类课程属于新兴课程,由于体育艺术类课程的开设在教育领域没有形成自上而下的教育制度,且人才培养目标的定位不明确等原因,大多数开办此课程的院校都是结合自己学校的特色办学,未能形成较为成熟的经验。学生在没有正确的指导的情况下进行学习锻炼,这是很难达到预期目标的。

大学生进行体育艺术类项目的锻炼,都具有一定的目的性:希望通过体育

---

① 闫格.慕课视域下我国普通高校体育艺术类课程建设与改革研究[J].当代体育科技,2021(18):99-101.

艺术类课程使自己的外貌、身材方面有所改观;希望在学习过程中培养自身的气质、达到强身健体的效果;希望在集体氛围中与同学合作交流,以培养自己的组织协调能力和综合能力,为自己今后的发展做好铺垫;等等。然而,也有一些学生认为体育艺术类课程有很多益处,想要学习、尝试和挑战,但在刚接触体育艺术类课程时,其学习态度较为消极,通过一段时间的摸索后才对该类课程产生兴趣。

根据不同性别的大学生对体育艺术类项目需求的情况显示,男女学生都很喜欢健美操、街舞等运动项目。因为这些项目的节奏感十足,动作变化多样。符合大学生对时尚潮流的追求,而且这些项目没有明确的性别要求,无论是男生还是女生都可以通过这类项目的学习来实现增强体质、提高身体健康水平的愿望。不同性别的大学生对体育艺术类项目选择上也有不同的侧重,男生比较喜欢一些稍微带有力度的项目,如武术操、搏击操等。而女大学生则比较倾向于一些具有塑形或者力量感稍弱的体育艺术类项目,如瑜伽、爵士舞、啦啦操等。

第三节 "五星级"教学模式与学生 "四种能力"分析

一、"五星级"教学模式概述

(一)"五星级"教学模式的概念

"五星级"教学模式是一种基于当前教学存在的问题而提出的提高教学质量和教学有效性的教学模式。其核心步骤有五个:一是聚焦问题(problem-centered),二是激活旧知(activation),三是示证新知(demonstration),四是应用新知(application),五是融会贯通(integration)。

1. 聚焦问题

以完整任务为核心构建任务序列框架是"五星级"教学模式的首要环节。"五星级"教学模式认为,在任何教学活动中,都要紧扣教学目标确定一个中心问题,这一中心问题不同于一些图书和文献中提到的"基于问题的学习"或"基于案例的学习",聚焦问题的中的"问题"不仅与现实生活情境相联系,而且较后者更有结构性。在此教学阶段,教师要创设情境,吸引学生的注意力,调动学生的学习兴趣,向学生呈现任务单,帮助学生明晰学习任务和逐步掌握解决问题的方法,提高学生的学习的能力①。

2. 激活旧知

激活旧知作为教学活动的导入阶段,是教学开展与实施的关键环节。在激活旧知时,教师可以通过提问、讨论、演示等方式,了解学习者是否有过相关知识经验。若有相关知识经验,则以此为新技能学习的基础,唤醒相关信息;若无足够的相关知识经验,那么学习新技能的首要任务就是"补救所学知识",起到查漏补缺、加强薄弱环节指导的作用。激活旧知可以帮助学习者顺利衔接新旧学习任务,对学习者的心理模式进行调整和改造,为更好地建立新知结构做好充分准备。

3. 示证新知

示证新知在教学活动中起着重要的作用。在此环节,教师要紧紧围绕教学目标实施教学,给学生提供一个及以上的样例进行示范说明,同时在学生自主探究学习与协同合作学习时加以指导,做到因材施教、对症下药。需要注意的是,示证新知环节也要求教师能够恰当地应用媒体拓宽知识呈现口径,促进教学目标的实现。但是,媒体的使用有时不仅不会促进学习,反而会干扰到学习,出现适得其反的现象。教师在教学过程中要依据教学内容和现有教学条件合理地匹配媒体教学的内容,实现信息呈现的有效性。"五星级"教学模式认为按照紧扣目标操练、精心提供指导和善用媒体促进的标准来呈现新知,学生对新技能的掌握会有立竿见影的效果。

4. 应用新知

传统教学模式中时常出现学生对新技能的领会还未达到经久不忘的程度,教师就开始做"巩固迁移"练习,导致学生对新知的学习还只是一知半解,并因急于求成而产生错误率高的现象,因此"以用促学"是"五星级"教学模式追求的应用练习。应用新知的三个教学要点是紧扣目标操练、渐减指导练习和变式问题操练。紧扣目标操练与紧扣目标施教同等重要,只有当应用新知与预期的教学目标一致时,才能促进学习。所以,在练习过程中紧扣学习目标、加强练习督

---

① 盛群力,宋洵. 五星级教学模式的应用探讨——兼及一堂课的分析[J]. 湖南师范大学教育科学学报,2008(1):69-72.

导,能为学生提供足够的练习时间和学以致用的机会。虽然教师的辅导在应用新知后不久是最有效的,但是随着学习者对任务的熟悉,教师的辅导也应该慢慢减少。特别需要注意的是,应用新知不是完全放手,而是一个从"扶"到"放"的循序渐进的过程。在此过程中,教师要注意提供矫正性反馈和内在反馈,帮助学生明确目标达到的程度。变式问题操练的功能主要是进一步凸显问题的本质联系,加强学生对知识技能的深度理解,所以在不超出讲解示范总的难度水平的前提下,教师要有意识地变化问题的情境,提供若干变式问题,增强练习的层次性和多样性。

5. 融会贯通

融会贯通是加强学生进一步学习的愿望和持续付出努力的关键时机,是促成学生个性化运用知识的一种重要方式。学生在为自己的学习成果自豪并展现新获得的技能时,同伴之间的相互合作与评价是最有效的。融会贯通环节要求学生不仅要展示自己掌握的新知,而且要通过相互指导评价来质疑、交流、拓展知识,让学生在同伴之间的相互评价中对学到的技能知识进行修正与辨析,进一步促进学习。

(二)"五星级"教学模式的优势

"五星级"教学模式是建立在许多优秀教育理论基础之上的、有利于实现有效教学的教学程序,也称"首要教学原理"。"五星级"教学模式引入国内至今,最初应用于多媒体课程的设计,并且取得了理想的效果。随后,各中小学教师尝试将"五星级"教学模式应用到课堂教学中,对学生的学习效率以及积极性都有很大的提高。"五星级"教学模式将教学分为以下五个阶段:

(1)聚焦解决问题阶段。教学过程的设计应根据学生的身心特点和教学内容来安排,同时将教学任务进行序列化,从而使教学内容具体化。在教学前教师要事先让学生明确学习任务,并通过创设一定的情境来激发学生的学习兴趣。

(2)激活原有知识阶段。教师作为教学的引导者,帮助学生复习已经掌握的知识或者提供相关的经验,进一步巩固所学的知识,为学习新知识奠定良好的基础。

(3)展示论证新知阶段。教师应指导学生将新知识和已有的心智模型建立联系,重构新的心智模型,从而掌握新的知识。

(4)尝试应用练习阶段。教师充当促进者,辅导学生运用所学到的知识、技能,让技能得以强化。

(5)融会贯通阶段。通过与同伴合作、评价的方式进行反思、讨论或者巩固新知识,将新学的知识整合到实际应用中。

二、体育艺术课程实施"五星级"教学模式的影响因素与实施策略

(一)"五星级"教学模式实施的影响因素

1.学生缺少良好的学习习惯和端正的学习态度

在"五星级"教学模式的课堂教学观察中发现,性格比较外向的学生是整个协作学习的主力军,性格较为内向的学生仍很少积极发言和示范动作,仿佛整个技能探究活动与自己无关,协作学习存在流于形式的现象。"五星级"教学模式对学生的协作学习能力要求较高,高校公共体育课是由来自不同专业的学生共同组成的班级,学生之间互不熟悉,在协作学习时,课堂参与的积极性难免受限。大部分学生对"五星级"教学模式表示认可,但也有小部分学生表示"五星级"教学模式学习环节复杂,任务安排较多。因此在上课过程中,个别学生会出现学习不积极,不配合教师上课,对任务的完成抱有"得过且过"的心理。学生学习态度不端正,在一定程度上阻碍了"五星级"教学模式教学程序的正常进行。

2.教师教学观念滞后,教学能力不足

从对体育艺术课教师的访谈与日常交流中发现:虽然现在课程改革盛行,但"学生主体,教师主导"的自主合作探究式的"主体体育"教学思想并未真正地融入教学。当前,受体育课程传统教学模式的影响,体育艺术课程采用的还是原有的被动接受式的教学观念,从准备活动到放松活动,教师都是课堂的主导者。"五星级"教学模式下,若不能及时的转变原有的教学观念,改变教师的主导角色,仍旧一味地灌输,极易限制学生的主体思维活动和个性化发展,出现故步自封的状况。

"五星级"教学模式包含多个教学环节,教师既要带领学生集体精练旧知又要组织学生自主探究和协作学习新知,这对教师驾驭课堂的能力提出了更高的要求。特别是在应用多媒体展示新知和互教互学环节,要求教师在放手让学生自主探究的同时,也要教给学生解决问题的方法。教师不仅要迅速弄清学生为何质疑,还要筛选出最佳的引导方法,这对教师的教育教学能力是一种挑战。总的来说,"五星级"教学模式的顺利开展,还需要体育艺术类课教师的能力和

素养作保障。

3.教学设计难度大

经专家访谈得知,"五星级"教学模式的教学设计难度较大。有部分专家表示:"五星级"教学模式虽然融合了多种教学设计理论,具有强大的理论支撑,但该模式只包括一个大概的框架,每条基本原理对应不同的教学阶段,每个教学阶段却有其丰富的内涵,进行教学设计时极易曲解基本原理的含义,只做简单的生搬硬套,致使教学模式与教学内容出现不能契合的现象。

4.教学场地设施不足

从场地设施层面看,技能主导性项目大都对场地设施要求较高,学校健美操室和武术馆等有镜子和把杆的场地仅供体育专业学生使用,啦啦操、健美操等课程,全部在田径场上课,教学实验也只能在田径场开展。对于啦啦操等课程而言,在田径场上课最大的不足是学生不能对照镜子练习,这对动作的规范性和表现力有一定程度的影响。从教学环境层面看,田径场上有多个班级同时上课,班级之间相互影响,学生学习不专心,听不清楚教师讲话,而且"五星级"教学模式小组协作学习时,各小组比较分散,同时为避免影响其他班级上课,放音乐时音响声音也不能过大,造成学生有听不清楚音乐的情况。

(二)"五星级"教学模式实施的策略

1.不断提高教师的教学能力和素养

学校教育改革的动力是教师。"五星级"教学模式对教师的教育能力和课堂组织教学能力提出了更高的要求。因此,体育艺术类课程教师应加强学习,不断提高自身的能力和素养,可通过以下几种方法:第一,高校具有丰富的教师资源,体育艺术类课程教师可以观摩优秀教师上课,向有经验的教师请教,从中博彩。第二,阅览学校图书馆相关的教育书刊,理论结合实践,反复琢磨"五星级"教学模式可能存在的真谛。第三,在反思中升华。无论课前、课中、课后,体育艺术类课程教师都要对自己的工作和能力进行深刻的反思和评估,在反思中不断提高自身的课堂教学能力。第四,通过构建教师学习共同体,带动体育教师成长,提升体育艺术类课程教师专业素养。

2.转变体育教师的传统教学观念

"五星级"教学模式的建立和开展,要求体育艺术类课程教师必须更新教育观念,淡化教师权威,把课堂还给学生。

(1)教师应与学生多做交流,切实了解学生的需要。

(2)关注学生个体差异,注重分层次因材施教,倡导自主、合作、探究的学习模式。

(3)改变单一的教学评价方式,从多个角度把握学生的考核成绩,实现评价方式和评价主体的多元化。

(4)积极反思,恰当转换角色,做好聚焦解决问题、激活旧知、示证新知、应用新知和融会贯通等阶段的教学工作。

3.激励与强制并行,引导学生养成协作学习的习惯

"五星级"教学模式的协作学习、多向互动能够增强学生的责任意识和合作精神,对智力因素和非智力因素具有积极作用。针对学生协作学习流于形式的现象,可以采取以下对策:一是采取适当的措施,激发学生的学习兴趣,引导学生参与协作学习。例如,教师可以在课中穿插一些游戏类、比赛类活动,营造轻松的学习氛围,调动学生学习兴趣;还可以充分利用现代教学媒体,增强动作技能的可视化,吸引学生参与协作学习。二是采取一定的奖励和强制措施,引导学生参与协作学习。比如,在小组展示环节增添组间相互评价打分环节,将小组评分和课堂表现占期末成绩的比例提高,对表现积极地小组进行加分奖励,等等。另外,还要明确组内分工,保证学生的参与,发挥协作学习的整合功效。

4.根据教学内容合理设计教学

"五星级"教学模式虽然具有普遍适用性,但是用"五星级"教学模式解决全部教学知识是不切实际的,所以教师要根据教学内容合理设计教学。一方面,我们不能否认传统教学模式作为教学中最主要的教学模式所拥有的优势和特点,针对当前的体育艺术类课程教学而言,应将两种教学模式相结合。另一方面,好使"五星级"教学模式更好地运用到体育艺术类课程教学中,应当使其教学环节和标准变为体育艺术类课程设计中能够适应的操作。例如,"五星级"教学模式在示证新知这一环节中要善用多媒体促进,体育艺术类课程几乎都是在室外进行,尤其是高校公共体育艺术类课程,总是使用多媒体辅助教学是不现实的。因此,教师应灵活地将善用媒体转换为善用现代教学技术或互联网。

5.充分利用现有资源

为削弱教学条件不足给教学带来的影响,教学设计可以从以下方面突破。

首先,教学设计要因地因时制宜,合理利用有限的场地设施。例如,在田径场上没有把杆压腿,可以利用小垫子进行坐垫压腿或者在铃木上压腿。其次,教师应充分利用现代化的教学手段弥补场地设施的不足。例如,在体育艺术课程教学设计中,教师可以用手机录像向学生反馈动作信息,促进学生积极反思。再次,教师创设的问题情境要与学生实际情况相联系,呈现的任务要符合学生的最近发展区,有适度的挑战和难度,吸引学生的注意力,让学生全身心地投入学习。最后,小组练习时,教师要组织学生轮换场地,确保每组学生都能听见音乐。

6. 加强师生交流合作

学生的学习态度是决定教学质量的关键因素。对课堂参与积极性低的学生除了要在课下与其多加交流外,教师还要在课堂上加强师生之间的合作,拉近师生距离,创设轻松愉快的课堂氛围,密切关注学生。给予学生经常性反馈的同时,也要给予学生及时的肯定和鼓励,增强学生的学习信心和学习成就感。

三、大学生"四种能力"概述

(一)能力的内涵

要明确理解"四种能力",首先要先了解"能力"的内涵。

从心理学研究的角度来看,有一些心理特征是保证某项工作顺利开展所必不可少的,那就是能力。[①] 也就是说,能力的存在是依托于特定活动的,并且应当在活动中体现出来。要想看出一个人是否具备相应的能力,就必须以活动为基础进行观察。仅仅凭智力测验来判断个人能力是不合理的,因为包括技能在内的大部分能力都与员工所能带来的绩效息息相关,但这些能力都属于人的潜在特征,无法通过智力检测体现出来。例如,知识、技能、自我概念、特质、动机等因素决定着工作是否有效。[②]

从哲学研究领域的角度来看,我们不应孤立地看待能力,而应该把它放在主客体的关系中来考量,能力是一种主客体的关系。能力是指人确立对象关系和对象化的方法、过程以及结果。任何一种能力都具有指向性。能力作为人本身所具备的一种能量,只有在面对特定的客体对象时才能体现出来,这个对象的来源包括物质世界和精神世界。马克思的观点认为,能力是一种以人为主体

① 黄希庭. 心理学导论[M]. 2 版. 北京:人民教育出版社,2007:526.
② 王肖婧. 麦克利兰的素质模型[J]. 管理学家(实践版),2009(3):22.

的社会力量,要想在主体和客体中间构建特定的对象关系,就必须确保能力的性质与客体对象的性质相适应,生产力是"人的本质力量的公开展示"。①

从思想政治教育学的角度来看,智力与体力都属于人的自身潜能,必须经过一定的社会实践活动才有可能得到展现,并最终完成向特定活动能力转化,产生财富价值的使命。能力是个体固有的特质。同时,思想是行为的先导,人的思想道德素养和品德通过智力因素间接作用于生产资料,两个因素相互影响、相辅相成、密不可分,都是生产力发展的重要条件。思想道德素养和品德是集中表现在个体身上的相对稳定的心理特点、思想倾向和行为习惯的总和。思想道德素养和品德本身就是一种精神生产力,但是需要外化的行为习惯来体现内在的思想品德。因此,能力是外化出来的人格特质。

综上所述,心理学、哲学和思想政治教育学从不同的角度来研究能力,得出不同的概念,但是各学科的研究都认为能力是影响个体和组织完成一定活动所必备的条件。

(二)大学生"四种能力"

1. 实践能力

实践能力是一种有目的、有意识地改造主观世界和客观世界的能力,是架构主、客观世界的桥梁,是大学生运用知识的载体,是大学生各种能力的整体显现和实际运用,是大学生整体能力的最终价值体现。当代大学生必须通过实践激发自身潜力,将所学、所掌握的技巧与现实的需要融合在一起,才能适应社会的要求。高校的课程设置应注重实践,改变目前"死读书"的状况。

2. 创造能力

大学生创造能力是指大学生根据一定目的、运用一切已知信息,产生出某种新颖、独特并且有社会或个人价值的产品的能力。② 创造不仅需要将自身所掌握的知识有机地融会贯通,还需要有意识地培养想象力和发散思维能力。创造能力尤其大学生的创造能力是民族兴旺之不竭动力,而高校是培养创新型人才的摇篮。

---

① 马克思,恩格斯. 马克思恩格斯全集:第 42 卷[M]. 中共中央马克思恩格斯列宁斯大林著作编译局,译. 北京:人民出版社,1979:128.

② 刘红委,牛殿庆. 21 世纪大学生心理健康与成才教育[M]. 北京:中国商业出版社,2005.

3.就业能力

大学生就业能力是大学生以其掌握的专业技能为基础,通过学习和实践,能够熟练地将自身专业技能有效运用到工作当中;通过不断学习锻炼出提高自身各项技能,从而方便、快捷、高效地进行职业选择和事业发展,为社会和经济发展做贡献的能力。就业能力主要包括:学生的专业素质以及获取知识的能力;将知识应用于实际的实践能力,并从实践中加以创新超越从前的创新能力;抓住时机,充分运用一切可以得到的资源,勇于创业的能力;彰显个性、永不言败的竞争能力和其他一些非智力的基础素质和人格魅力,如道德素质、社会责任感、团队精神等。

4.创业能力

大学生创业能力是在创业过程中,面对困难与挫折,经历挑战与失败,不断学习进步、完善提高,最终获得能帮助自身创业成功的个人能力体系。21世纪是一个以"创造、创新、创业"为特征的世纪,在国外有部分大学生在就读期间就拥有了自己的企业,如今在我国,大学生通过创业提升自身的能力、实现就业已经成为一种趋势。

当前的高等教育必须坚持以教学为中心,以提高人才培养质量为目标,各项教育教学活动不能局限于过去的理论灌输、课堂教学这些单一的教学方式,而应注重从提升大学生的上述四种能力入手,引导学生在具备良好的思想道德素质和科学文化素质的同时,更应具备较强的实践动手能力和适应社会的能力,全面提高大学生的综合素质,培养大学生能更好地适应社会、服务社会。

(三)大学生"四种能力"的关系分析

只有正确理解辨析"四种能力"及其关系,抓住每种能力培养的侧重点,才能更好地将培养目标融入高校实践教学过程设计与教学实施中。在大学生"四种能力"培养目标中,其关系分析主要包括:实践能力,即在理论知识应用于实践工作中,将科学、技术、智慧转变为物质形式的物化能力,体现为解决问题的能力、信息加工处理的能力、组织沟通能力和探索能力等。创造能力,是人在创造过程中所表现出来的思维能力和技术能力,是产生新思想、新见解和发现与创造新事物的能力,其与创新能力意思非常相近,都强调新颖性与独创性。在现实中,对二者也没有严格区分使用,其本质上由创造性态度、创造性行为和创造性产品及其他影响因素组成。其中,创造性行为是核心就业能力,即个体获得和保持工作的能力,既包括找到工作的能力,也包括持续完成工作、实现良好职业生涯发展的能力。但其不是一种特定的工作能力,而是在横向上与所有行业相关,在纵向上与所有职位相关的能力,主要包括基础性能力、专业性能力和个性心理三个方面,在其他条件相同或相似的情况下,一般求职者综合素质越高,其就业能力越强。创业能力,是指拥有发现或创造一个新的领域,致力于理解创造新事物的能力,能运用各种方法去利用和开发新事物,然后产生各种新的结果,相较于就业能力,创业能力更强调个体发现的眼光和创新的智慧。创业既可以是岗位创业,也可以是协助亲友或自主开展企业创业。大学生创业能力培养应兼顾培养学生岗位创业能力和企业创业能力[①]。

(四)培养大学生"四种能力"的制约因素

1.资源配置与大学生个性化成长预期不匹配

高校是人才培养的摇篮,但在人才培养的过程中往往存在培养目标不清晰、过程同质化倾向等问题。其主要原因在于部分高校以完成教学任务为目标导向,固化资源配置,现实中只按既定程式向大学生集体式传递知识,采取批量化培养模式,从而缺少对个性化成长需求的关注和投入。由此,也导致高校缺乏提高人才培养针对性的主动意识和有效的反馈机制。因个性化的成长需求得不到满足,大学生的创新实践意识被极大地压制,使得"四种能力"培养成为空谈。

2.传统教育模式的束缚

目前,应试教育模式的影响在高等教育中还普遍存在,这成为制约"四种能力"培养的主要影响因素。按照社会对人才的需求,高等教育本身应不限于知识本身,更应是获取知识的方法以及付诸实践、创新应用的能力。但在应试教育模式下,知识的传授以灌输为主,重理论、轻实践,奉行书本中心、课堂中心和教师中心主义,形式和内容过于定势、单一,导致学生对知识的接收机械且被动,学生只关注书本知识所教授的定理、规律,而不思破旧立新和深层次探索,缺少实践机会和创造平台。大学生不能学以致用,进而缺乏步入社会就业、创业的能力和信心。

---

① 谢健,丁宇.大学生实践能力、创造能力、就业能力和创业能力培养之相关性研究[J].科教文汇(下旬刊),2012(9):24-26.

3.大学生价值观存在偏差

随着社会的快速发展,很多大学生价值取向出现偏差,表现在:好高骛远、不能吃苦耐劳、以自我为中心、团队协作意识不强和能力薄弱;虽有一定的实践创新热情,但缺乏锲而不舍的精神,遇到困难易束手无策、灰心丧气;情绪化严重,缺乏持久的积极心态。与此同时,随着社会竞争的不断加剧,就业导向对大学生的思想冲击日益明显,很多大学生舍本逐末,热衷于跑关系和自我包装,试图以此增加就业筹码,使得大学生就业短视化、功利性色彩浓重。

4.大学生自我学习、实践能力匮乏,创业素养和创业能力不成熟

大学生缺乏自我学习、实践的能力,其原因是多方面的。一是当代大学生长期处于学校这一单一的环境,在校期间忙于学业,缺乏与社会的接触;二是大学生中独生子女居多,有的学生性格孤僻不愿与人交往,合作意识淡薄;三是人们物质生活水平的提升,使得很多大学生的大学生活比较安逸,久而久之就缺乏竞争意识,大学生处于过度保护之下,辨别是非的能力下降,更谈不上创造和实践能力的培养。

对当代大学生而言,一个创业者必备的能力有很多,如人际交往能力、部门管理能力、经营销售能力、创新探索能力、终身学习能力、市场信息的收集和处理能力、把握机遇能力、预见能力等[①]。我国当代大学生缺乏吃苦耐劳和冒险精神,不擅长团结协作,对创业缺乏信心。有些大学生在创业中缺乏诚信,没有责任感,或者面对挫折时总是抱着悲观的态度,没有毅力和恒心去克服困难。因此,无法从创业的角度培养自己的能力体系。尽管国家在各个方面的政策上鼓励大学生创业,但是能投入到大学生创业浪潮中并能坚持下来的人并不多。

(五)高校培养大学生"四种能力"的途径

1.理论与实践相结合,提高大学生实践能力

高校在不影响理论课正常教学的情况下,可以适当增加一些实践课程,如校企合作,为大学生提供实训基地。高校本身也可以建设相应的实训基地,让大学生在学习之余有一个可以实践操作的场所,尤其是职业类高校更应该把实践教学作为课堂教学的重要组成部分和理论教学在新层次上的延伸;通过一些实践教学,进一步加强学生知识的深入转化,在实践活动当中培养大学生独立

① 刘永宾.大学生创业教育研究[D].济南:山东经济学院,2010.

思考、勇于探索、大胆创新的精神，并在实践活动中让学生处于主体地位，充分发挥他们的主观能动性，更好地把学到的理论运用到实际操作当中去。

2. 开设创造学相关课程，加强创造性思维训练

每个人的创造力都是天生就有的，它必须通过后天的学习和锻炼来不断提高。像美国、英国、日本等发达国家在教育中就比较注重对学生的想象力与创造力的训练。目前，我国部分高校也开设了"创造学"等相关课程，旨在提高大学生的创造能力；通过一些创造性课程的教学，让更多的大学生进一步认识创造的本质，同时，培养了大学生良好的创造人格，提高了大学生的创造能力。例如，美国"创造学之父"奥斯本的"开窍反映法"就能起到一定的训练作用。"开窍反映法"采取集体讨论的形式，讨论不限制正确答案，而是鼓励学生要以问题为出发点，去寻找尽可能多且不相同的答案。加强创造性思维训练除了可以融入平日课堂教学中之外，还可以开设专门的创造性思维训练课。

3. 努力寻求大学生就业能力的培养途径

高校应进一步加强就业指导，尤其要强化学生职业生涯规划教育，提高他们的实际就业能力。在就业指导过程中，首先，高校要进一步完善大学生就业能力开发战略的制定，多角度地为大学生搭建就业能力开发的平台。其次，高校要加强对学生职业生涯规划能力的培养，将职业生涯规划教育指导工作贯穿于大学教育的各个环节，帮助在校大学生早日树立正确的职业目标与择业创业观念。再次，高校还要配备相关专业的职业规划师资，根据大学生不同的学习阶段安排特定的职业生涯规划指导课程，对他们进行有效的职业生涯规划指导，使他们能够掌握职业生涯规划的良好方法和技能。最后，高校应充分借助社会力量，引入人力资源服务机构，聘请知名企业家或人力资源负责人进入学校开展职业规划培训，通过对就业方面的讲座、培训、测试等丰富的活动，帮助学生找到比较适合自己职业生涯目标及其实现的方案。

4. 创新培养模式，拓展大学生创业能力培养途径

首先，高校要以项目和学生社团为载体，培养学生创新意识和创业精神。当代大学生要以创新意识和创业精神来推动自己的创业行为，高校则要引导大学生理解好自主创业的真正内涵，将理论课和实践课有效结合起来开展创业教育。其次，高校鼓励在校大学生投身到各种实践活动和社会公益活动中，通过开展创业教育讲座，以及各种竞赛、活动等方式，形成以专业为依托，以项目和

大学生社团为组织形式的创业教育实践群体来激发他们的创新意识和创业精神。大学生要有敢于竞争、勇于冒险的精神,并要以脚踏实地、勤奋求实的务实态度,坚定执着的顽强意志投入到创业当中去,时刻做好不畏艰难、艰苦创业的心理准备,培养自己良好的自控能力、团队精神与协作意识。再次,高校通过聘请社会上成功的创业人士作为大学生创业的顾问,为学生开展专题讲座,传授创业经验,培养创新品质和创业能力,为大学生创业起到深远的推动作用。最后,高校要加强创业实践活动环节,通过组织学生参加各类竞赛,组建大学生在校创业培训基地,进一步培养大学生实践创业的能力。大学生通过参加各项竞赛和科研活动,如"挑战杯"中国大学生课外科技作品竞赛和创业计划竞赛,增强创新意识,培养和提高观察力、思维力、想象力和动手操作能力。创业教育的最终落脚点还是在社会实践。因此,学校要通过多种渠道建立形式多样的校内、外创业基地,以此作为载体组织在校大学生参加创业实践活动。

四、体育艺术类课程"五星级"教学模式培养学生"四种能力"的意义

当前,高校为了有效促进大学生的全面发展,提升大学生综合素养,各大高校纷纷加强了课程体系、结构和内容的调整和改革,体育艺术类课程的教学也不例外。《教育部关于中央部门所属高校深化教育教学改革的指导意见》(教高〔2016〕2号文件)强调了要提高人才培养质量,切实增强学生的社会责任感、创新精神和实践能力。当前培养大学生的"四种能力"已成为高校教育教学改革的主要任务。教育行政部门要求将"四种能力"的培育作为高校制订专业培养计划的核心,贯穿人才培养各个环节,对于高校体育艺术类课程的教学改革必须以培养学生的"四种能力"为根本任务。

体育艺术类课程"五星级"教学模式应用于学生"四种能力"培养,就是要将"五星级"教学模式的五个核心步骤融入教学实践,在体育艺术类课程教学中时刻谨记"四种能力"目标,以课程教学过程为载体,在体育艺术类项目的运动训练、科学研究、社会服务、校园文化的研究和实践过程中构建学生素质能力培养体系。这种探索和尝试无论是对体育艺术类课程的开展还是对大学生综合全面发展需要的满足,都具有重要意义,是教学改革工作的一次突破性探究。

第二章 体育艺术类课程"五星级"教学模式对大学生实践能力培养研究

第一节 大学生实践能力培养基本概述

一、实践能力的含义

自然和社会最有效的改造方式是实践,实践决定着其他一切活动。深入的认识需要通过实践完成,科学的发展则沿着实践前行。好的经验和智慧产生并凝练于实践。实践既是西方哲学的核心概念,也是马克思主义哲学首要的、基本的观点。马克思主义哲学认为,实践能力是个体完成特定实践活动的水平和可能性;心理学认为,实践能力是保证个体运用已有知识、技能去解决实际问题所必须具备的生理特征和心理特征;教育学认为,实践能力是个体解决实际问题的能力。总之,实践能力是相对于认知能力而言的,是运用知识、技能解决实际问题的能力。这个概念包含了四层意思:第一,就认知能力而言,实践能力是能力的重要组成部分;第二,实践能力活动的对象包括生活、工作和社会活动等领域;第三,实践能力的形成是个体在后天实践中习得的;第四,运用知识、技能解决实际问题的主体参与式实践活动是实践能力形成的本源,策略性知识的创造性运用对形成创新能力至关重要。①

二、大学生实践能力的类型划分

我们要培养大学生的实践能力,必须厘清大学生实践能力的类型划分,从而有针对性地解决大学生实践能力培养的问题。就目前我国高校而言,我们的招生体制还是按专业(有大类、小类之分)招生的,学生进入大学后分专业学习,

---

① 何万国,漆新贵. 大学生实践能力的形成及其培养机制[J]. 高等教育研究,2010(10):63.

即高校按专业人才培养方案进行教学(也有高校进行跨专业培养的探索)的。从通行的人才培养方案的角度来看,对大学生实践能力的培养是多方面的,每个专业的学生都被设定需要掌握多种实践能力,这些实践能力,概括起来可以大致区分为一般实践能力、专业实践能力和综合实践能力三类。这三类实践能力是一个合格大学生所应该具备的。换言之,只有具备了这些能力,大学生走上社会后才能胜任相应的工作,才更具有竞争力。

一般实践能力是指各专业大学生必须掌握的适应当前和未来职业活动、生活活动和社会活动的基本实践能力。一般实践能力主要包括独立生活能力、环境适应能力、交往合作能力、语言表达能力、计算机应用能力和外语应用能力等。一般实践能力可以说是通用能力,是每个走上社会的大学生进行职业活动、生活活动和社会活动都需要具备的。如果大学生不具备这些能力,是很难甚至不可能在社会上立足的,因此,具备这些能力是一个人的生存之本。

专业实践能力是指完成某种职业活动所必须具备的实践能力。因为专业的差异性,不同专业对不同专业学生的专业实践能力要求是有区别的。

综合实践能力是指完成复杂任务和解决新问题所具备的实践能力。完成复杂任务和解决综合问题时常常涉及技术、经济、社会、环境、心理等各种问题,不仅要综合地运用一般实践能力、专业实践能力和本专业的知识,还要运用跨学科跨专业的知识和技能。综合实践能力具有多学科知识运用的综合性、解决实际问题的实战性和一定程度的创造性等特点。

一般实践能力、专业实践能力和综合实践能力是相互联系、相互促进的关系,其不同的组合将形成不同结构、不同水平的实践能力。大学生应该夯实一般实践能力的基础,筑高专业实践能力的柱石,建好综合实践能力的塔顶。因此,专业人才培养方案需要针对性地设计能够培养三种实践能力的课程体系,实施有效的实践能力培养项目,才能保证大学生实践能力培养目标的实现。一般实践能力的培养是贯穿于每门课程的教学过程中的,是教师经常性的教学任务,重在落地。专业实践能力与综合实践能力的培养往往是专门进行的,由教师设计项目,指导学生完成,从而实现能力提高,重在升位。

三、大学生实践能力的构成要素

在制订专业人才培养方案、实施实践项目的过程中,应该把握好大学生实践能力的构成要素,把每一类实践能力分解成几种具体的实践能力,贯穿各个教学环节。每种具体的实践能力都由相应的知识和技能两大基本要素构成。知识包括显性知识和缄默知识;技能包括动作技能和智力技能。知识要素表明在某个方面知不知、懂不懂,是技能获得的前提;技能要素表明在某个方面会不会、熟不熟,是知识运用的结果。在教学过程中处理好知识和技能的关系,就能保证学生实践能力培养的实效性。

"所谓显性知识(explicit knowledge)是指能言传的、可以用文字等来表述的知识,包括陈述性知识和程序性知识。它是实践能力的基本构成要素。""所谓缄默知识(tacit knowledge)是指不能言传的、不能系统表述的那种意会的知识。它是实践能力中重要而又最难获得的构成要素。"①缄默知识其实是人们在运用显性知识的实践过程中所积累的经验、体验、感悟,形成的个性化的思维、解决问题的策略和技巧。显性知识来源于教师讲授或学生读书的过程,而缄默知识很难从"纸上得来",就算学生能通过课堂的讲授渠道传递,或者通过阅读间接获取,也"终觉浅"。因此,在专业人才培养方案中需要设计实习、实作、实战性质的实践项目,让学生在实践项目中摸索、体验、感悟,同时在这过程中协作、交流、模仿和切磋,在显性知识的运用过程中获得更多的缄默知识。体育艺术类课程教学的提出与实践,就是出于对体育课程的教学改革,目的是解决显性知识向缄默知识的转化问题。在活动型课程教学过程中,我们将原本由教师在课堂上讲授的显性知识,改变为由学生自己在活动中运用显性知识,从而获得更多的缄默知识。比如,健美操教学中,曲目选择、练习、表演等环节,既是学生获得体育艺术类项目显性知识的途径,更是培养学生锻炼能力、审美能力、领悟能力等综合素质的途径。

技能是在练习的基础上形成的,按某种规则或操作程序顺利完成某种智慧任务或身体协调任务的能力。无论是智力技能还是动作技能,都需要以某种规则或操作程序(程序性知识)为活动定向,程序性知识的作用是显而易见的。他人的示范与指导是技能获得的重要外部条件,教师和同伴所拥有的缄默知识向学习者的流动和转移,也是技能获得的捷径。实践活动(练习)是形成熟练操作的基本方式,练习中所获得的动觉经验、亲身体验和真情实感,是缄默知识的内化,也是技能获得的关键。体育教学中的户外项目开展,其主要目标是通过户外运动,在教师的指导下,同学们相互帮助、协作,完成体育锻炼任务,通过运动练习形成熟练的体育技能。

① 张建锋.大学生实践能力培养模式探索与实践[M].成都:电子科技大学出版社,2016:13.

四、大学生实践能力的内容

从实践能力的培养过程来看,大学生实践能力的内容主要包括心理能力、知识能力、社会能力和职业能力。这四方面的内容也可以称为实践能力的子能力,它们共同影响着大学生实践能力的发挥。心理能力,即大学生是否具有良好的心理状态与进取精神,是否具有理性批判精神和服务建设意识,是否能够正确理解并参与社区和族群发展,以及是否具有远大的理想抱负与重视当下的实际观念。知识能力,即大学生是否对现有知识和未知世界具有兴趣,是否能够找到解决当下问题的知识框架,能否找到未知领域的科学线索并主动寻求新知,以及是否具有综合利用知识和推广知识的社会能力。社会能力,即大学生是否具有良好的人际沟通能力,是否能够适应与探索团队协作的模式,是否具有较为良好的人际信息网络,以及是否具有主动服务他人和寻求帮助的意识和能力。职业能力,即大学生是否具有参与社会工作体系的经历,是否能够在社会工作体系中认识和提升自身的贡献及作用,是否能够找到实现自身价值与贡献社会相统一的工作途径,以及是否具有创造性地促进工作、提高效能的实际能力。上述四种子能力需共同存在于青年大学生身上。但如果上述四种子能力处于单独而初级的发展状态中,没有形成综合而系统的整合与提高,就谈不上有针对性地进行诊断和开发。培养大学生实践能力,实际上要求从四种子能力上有针对性地进行提高,并促进其在综合素质结构中的融合与发展。

五、大学生实践能力培养的意义

高校承担着人才培养的重任,而创新型人才是承担知识创新的群体,是国家竞争力的重要资本。创新是建立在知识的获得、转化和应用基础之上,借助创新精神和动机,通过实践和一定的时间保障,在一定的文化氛围下实现的,而这一切又深深扎根于教育基础之中。专家们普遍认为,创新型人才发展的基础在于个性的和谐、全面、自由发展。基于此教育环境,除正式的课题体系教育外,还要在非正式的培养途径中潜移默化地影响大学生群体,逐步构建有效的实践系统,让大学生通过参与实践的过程,尤其是涵盖创造性培养的实践环节,实现实践能力的培养与提升。

(一)有助于打造创新型人才

大学生实践能力的培养过程,可以从正规的课程体系来诠释怎样培养创新型人才。一个充分融合了跨学科知识、激发了多样化思维的课程体系,辅以立体化构造的实践能力培养环节,这样形成的高等院校育人体系能够很好地诠释创新型人才的培养过程。在这个体系的学习过程能够很好地训练大学生的思维方式,多样化、跨学科学习激发了学习动机和兴趣,产生多学科思维方式碰撞,在有实效且具备科学性的实践环节培养中增加大学生接触的信息量和创造动力,充分诠释了创新型人才培养。

理论来源于实践,并受实践的检验,理论必须在实践中活化与应用,才能更好地创新与发展。创新型大学生需要具备思维的创新性,特别是工程技术人员。这种创新思维必须源于实践,即通过工程操作的训练和动手能力的培养。因此,创新型人才的培养着重加强实操训练和提高实践能力。在不同的学历条件下,创造发明未必与考分的高低、知识的多寡呈正相关,但一定与实践能力的高低呈正相关,只有实践能力强,勤于钻研,才可能推动工程技术的创新。创新型人才培养主要通过加强实操训练和提高实践能力来实现。

(二)有利于提高学生的综合素质

高等教育是由知识传授、应用、创新三个环节完成,后两个环节不仅有助于培养能力还有助于知识获取。高校组织学生适当参加实践,安排有指导的知识应用环节,有利于提高学生的实践动手能力、综合分析能力、社会适应能力。学生参加教学实践,需把德育与智育、理论与实践紧密结合,使大学生融入大课堂,让实践能力发挥更大的主导作用。

(三)有助于其正确认知自己、实现自身价值

大学生实践能力的培养过程可以从大学教育实践育人的角度确定为社会培养什么样的人才。高校需要构建一个有立体化结构的实践能力培养体系,该体系以为社会培养什么样的人为导向设计,充分考虑到不同学科的特色,同时具备交叉融合、孕育创新的氛围。实践育人的优势在于能够让大学生在实践体验过程中得到正确自我认知并理性定位,促进身心健康,提升个人社会化进程,激发创新能力。大学生能够在实践能力培养体系中根据社会发展和人的发展要求,借助实践过程体验和锻炼,潜在地激发学生自我成才、实现自身价值的主动性。

(四)有助于确立人才培养的服务目标

大学生实践能力的培养过程可以从大学文化建设潜移默化地实现为谁培养人才。大学文化是在大学这一特定文化氛围中的精神活动与物质形态的总和,是大学师生在长期的工作、学习、生活过程中形成的价值观、工作思想与规范的总和。大学文化是构成社会文化的一种社会亚文化,是社会文化在大学中的体现和延伸,是一所学校的精神引领,并对学生进行着潜移默化的熏陶。大学生实践体验涵盖整个校园学习生活,全方位、多角度、多形式的实践体验能够有效地帮助大学生将社会和大学信息互通,引导大学生实现自身价值,为国家、为社会做贡献,有效地为社会定位人才培养目标。

(五)有助于探索发现大学生的兴趣爱好

实践能将知识转化为成果,没有实践就没有智慧的结晶,没有实践就不能激发学生的创新意识。通过实践,学生能更好地发现与探索问题,培养锲而不舍的求学精神。学生在实践过程中反复学习、思考和总结,可以活化知识,提高悟性,更好地促进理论知识的应用和创新。

第二节 体育艺术类课程对大学生实践能力培养价值研究

明确体育艺术类课程对大学生实践能力培养的价值,有助于发现学生的优点,挖掘学生的潜能,激发学生的学习兴趣,提升体育艺术类课程的教学成果。体育艺术类课程对大学生实践能力的培养价值主要体现在运动健身、项目欣赏、运动评价、运动训练中损伤的急救和突发情况的处理、组织实施、裁判这六个方面能力的提升。

一、运动健身能力的提升

(一)认识运动的意义

与全民健身的红红火火势头形成鲜明对比的,却是大学生体质测试数据的不断下降。造成学生体质下降的原因与学生所参与的体育活动没有达到标准的要求息息相关,这也反映出了当前大学生普遍存在"上体育艺术课只为考试得分"的现象十分严重,很多学生只有在体育艺术课的时间出来活动,课余时间的支配中基本没有体育生活的空间。因此,高校与时俱进更新体育教学理念,优化体育艺术类课程建设工作思路,积极推动体育教学改革和创新,逐步形成了满足学生个性化、多样化的体育教学体系和群众体育工作体系,在全校范围内形成了"热爱体育、崇尚运动、关注健康、全员参与"的校园体育文化氛围,在这一体育文化氛围的大力熏陶下,增强全校学生的健身意识。

(二)践行运动的习惯

有研究表明,大学生虽有健身意愿,但行动力严重不足,可以看出健身运动目前并未在大学生闲暇时间中占据主导地位。需要倡导大学生"走下网络,走出宿舍,走向操场",使运动成为一种习惯,真正实现体育生活化。为了解决大学生体育活动中自娱自乐、松懈散漫这一难题,高校高度重视大学生体育协会、体育社团的建设,将其作为体育教学的重要延伸和人才培养的重要内容。高校应建立校级体育社团,做到"一院一品牌",应对学生体育艺术社团实行辅导员和体育教师的"双导师制",加强对体育社团活动的指导,在体育社团的有序组织下,使全校大学生的健身行为得到积极、有效的引导。

(三)体验运动的乐趣

高校探索并开创了学校、学院、体育社团统筹共管的良好局面。例如,随着阳光体育健身活动的常态化,江汉大学多方联动的立体化体育工作体系逐步完善,丰富了全校师生的校园体育文化生活。第一层次由学校体育运动委员会组织,包括校田径运动会、"校园体育节"等校级大学生体育比赛和职工体育比赛项目。第二层次由体育教学部、校工会、校团委组织,包括健美操大赛等健身比赛。第三层次由各学院分团委组织的球类联赛、选拔赛以及校院两级社团自行组织的各种体育赛事。层次清晰的组织形式和丰富多彩的体育内容,共同构建了独具特色的立体化体育工作体系,使大学生都能在自己擅长的项目及平台上一展风采,尽情地享受运动的乐趣。

二、项目欣赏能力的提升

(一)了解项目规则

通过课内理论讲授,学生熟悉体育项目的特点和了解基本比赛规则。每一个体育项目都有完整的技术和战术体系、特定的场地要求以及严格的比赛规则,而且在不断地演变和发展,如果学生对相关规则、相关知识不清楚,体育项目欣赏就无法达到预期效果,甚至学生因看不懂而感到索然无味。

(二)欣赏赛事中的精彩部分

不会看的看热闹,会看的看门道。作为大学生,既要认识到体育是一种文化现象,也要培养其高尚的体育欣赏情趣。除了欣赏紧张激烈、扣人心弦的竞技场面之外,还要欣赏运动员技、战术水平的发挥、比赛作风、道德品质、精神风貌等方面,随着大学生体育欣赏能力的提升,大学生对体育的感悟才会更加深入。

(三)领悟竞技运动之美

体育欣赏是一种美的享受。运动之美,表现在运动竞赛所展现出的对抗性、节奏性、偶然性、刺激性,表现在竞技者呈现出的形体之美、动作之美、力量之美、柔韧之美等,表现在竞技者完美的技术和战术配合,表现在竞技者道德品质、精神面貌和思想作风的全面展示。通过教育引导,大学生能够全面领略竞技运动之美,获得独具特色的情感体验,从而产生愉悦的心理享受。

三、运动评价能力的提升

(一)运动负荷能掌控

大学生需要根据自身的运动水平、体能状况和兴趣爱好等特点去选择健身项目。在体育艺术项目运动健身中运动强度、运动量、运动频次都应该适度。大学生需要学会通过脉搏测试掌控运动强度,运动时的脉搏次数最好控制在120～150 b/min,每次运动的持续时间不宜超过 90 min,以身体感觉不到疲劳为宜,运动频次以 3 次/周比较合适。健身应遵循"由简单到复杂,由舒缓到激烈再到舒缓,由小强度到较大强度再到小强度"的原则,以保证健身的效果和身体不会受到伤害,从而真正达到健身的目的。

(二)健身效果能评估

《国家学生体质健康标准》是学校教育工作的基础性指导文件和教育质量基本标准,是评价学生综合素质、评估学校工作和衡量各地教育发展的重要依据。学校以每年一次的大学生体质健康测试为契机,由教师在体育艺术类课程教学中向学生详细地讲解,《国家学生体质健康标准》通过讲解确保让每一位大学生知晓这一标准的意义,深入了解每一个项目的测试内容、测试方法以及评价标准,在随后的健身锻炼中能够对个人的 BMI 指数、力量、耐力、灵敏、柔韧等素质进行自我评估,并进行有针对性的锻炼。

四、急救能力的提升

(一)对常见运动损伤会处理

大学生在体育运动过程中易发生运动损伤,一旦发生运动损伤,会直接影响学生的锻炼质量和参与锻炼的积极性。因此,在体育课堂上,教师要教授规范的运动技术,引导学生正确地规避运动风险;还要使学生掌握运动损伤的正确处理方法。为了帮助学生真正掌握运动损伤的处理方法,除了在体育课堂上教师的理论传授以外,课题组还与红十字会联合开展了培训活动,每年面向大一新生传授运动损伤的处理常识,还为大二至大四学生开设了全校性公共选修课——现场初级应急救护,以提高大学生现场急救的实操性救护能力。

(二)突发紧急情况会急救

近年来,类似猝死等严重事件在大学校园时常发生。一旦遇到休克、猝死等紧急情况,第一时间的施救是非常重要的,如果抢救不及时将会导致死亡。除了在现场初级应急救护课程中讲授急救知识外,学校还开设了网络通识课——关爱生命:急救与自救技能,向学生系统地传授急救知识与技能,通过线上学习,更多的学生懂得施救的原则与方法,通过线下实操练习,越来越多的大学生成为初级救护员。

五、组织能力的提升

(一)课堂内讲授组织方法

在体育艺术类课程教学中,竞赛组织与编排的理论讲授内容安排不少于 4 个学时,教学中传授给学生完整的竞赛组织过程与编排的具体方法,教师有针对性地指导学生进行赛事的组织实践。通过理论与实践相结合,学生基本掌握了所学项目的竞赛组织方法。

(二)协会中锻炼组织能力

大学生竞赛组织能力的提升主要通过体育艺术类社团组织的活动。例如,学校体育艺术类协会(社团)每年都会组织多场校内比赛以及校际联赛,在这些协会的组织下,随着学校体育艺术类项目竞赛如火如荼地开展,通过一次次的锻炼,学生的组织能力得到了极大的锻炼和提高。

六、裁判能力的提升

(一)班内比赛裁判入门

通过体育课堂的理论讲授、班内竞赛组织、裁判临场实习等途径,为学生提供了锻炼体育实践能力的机会,可以有效地培养并激发大学生担任体育裁判的兴趣。体育艺术项目教师通过言传身教、以身示范,引导大学生裁判入门,并鼓励大学生敢于临场执法。

(二)裁判协会锻炼提高

在课题组成员的努力下,学生裁判协会积极承担大学生体育艺术项目比赛的组织及裁判任务,更好地满足了学校比赛的发展需要。裁判协会会员在指导教师的带领下进行系统的裁判理论学习、专业的裁判技能实践,裁判协会提供临场裁判实践的平台,并鼓励学生考取国家级裁判,经过临场裁判的锻炼,已经涌现出了一批优秀的体育艺术项目比赛裁判。

第三节 体育艺术类课程实践教学的困境及对策研究

一、体育艺术类课程实践教学的困境

(一)实践教学内容缺乏、质量不高

首先,当前我国大多数高校的体育艺术类课程教学内容侧重于身体素质的训练和体育专项技术的练习,体育艺术项目的实践教学内容比较匮乏。虽然体育艺术类课程是一项实践性极强的课程,但在实际教学过程中,不论是教师投入的精力还是学时的分配,都反映了高校对学生的社会实践能力重视不足的问题。其次,高校体育艺术类课程教师虽然有较强的专项技术能力,但知识结构不合理,如体育和艺术理论知识欠缺,也难以通过理论来指导具体的体育艺术表演实践,导致学生难以将理论和实际相结合,其社会实践能力自然无法取得突破。体育院校在体育艺术类课程教学中实践教学内容的匮乏和教学质量的欠缺成为学生社会实践能力提升的主要制约因素。

(二)学生参与社会实践的程度较低

首先,从学生参与社会实践的意识层面看,大部分学生能够认识到参与社会实践的重要性,也存在少部分学生认为没有必要参加社会实践;其次,从学生参与社会实践的主观层面看,即使学生认识到参加社会实践的重要性,很多学生也因为课业负担较重,或者自制力差等原因没有充分参与到学校组织的社会实践中去;最后,从学校的组织层面看,虽然绝大多数体育院校都有自己的供学生参与社会实践的组织、运行模式,但由于种种主客观原因,效果并不理想。例如,一些高校组织的体育艺术系学生社会实践活动千篇一律地以教学实习、勤工助学、文艺表演等传统方式,并没有结合专业特点和学生身心发展特征,导致学生参与的积极性不高;有的高校制定了看似完善的学生参与社会实践的体制机制,但由于执行不力,监督管理落实不到位,导致学生表面上参与了,但实际效果不理想。

二、体育艺术类课程实践教学的原则与实践能力培养体系

(一)体育艺术类课程实践教学的原则

1. 科学性原则

任何形式的教育都必须遵循教育的基本规律,对体育艺术系学生社会实践能力的教育培养也不例外。只有遵循客观规律,建立科学合理的社会实践能力培养模式,才能保证体育艺术类课程的实践教学取得实效。高校在此过程中既不能仅站在管理者的角度,一味地采取强制措施,以规范管理为名搞一刀切、齐步走;也不能忽视学生个体实践能力教育培养内在的一致性。高校应结合体育艺术表演本身的特性,立足于体育艺术类课程教学中学生的身心发展特点,制定实践教学的组织和运行模式,只有这样,才能保证学生社会实践能力教育培养工作的科学性。

2. 以学生为本的原则

培养学生的实践能力,一定要充分尊重学生的主体性,只有学生从主观上真正认识到了参与社会实践活动或项目的重要性,从情感和心理上愿意积极地投入社会实践活动(项目),才能在实践教学环节中最大限度地调动学生的自我能动性,从而让实践教学有事半功倍的效果。因此,在体育艺术类课程教学培养学生社会实践能力的过程中,要让学生成为学习过程的主体,各个教学环节的设计和社会实践项目的选择、组织要突出学生的主体地位,遵循以学生为本的原则,将学生作为实践教学以及社会实践活动的主体,充分激发学生的能动性、自主性、创造性。

(二)体育艺术类课程实践能力的策略分析

1. 加强实践教学

教师是教学过程的组织者和主导者,教师的教学理念、教学态度和教学行为对学生专业能力和专业素养的形成有着举足轻重的影响。因此,要提高学生的实践能力,首先要从教师入手,做到:一是教师要树立起高度重视实践教学的思想认识,二是教师要在实际教学过程中想方设法培养学生的实践能力。例如,教师应根据学生年级的升高逐步提高实践教学环节在整个教学过程中的权

重,尤其是对大四学生,由于他们即将面临就业的问题,对于实践能力有着迫切的内在需求,教师应当着重进行实践能力的教学和培养;在平时的课堂教学中,教师可以采用学生分组讨论、技能展示、情境教学等教学方式激发学生的创造性思维,强化学生的实践能力,为学生实践能力的形成奠定良好的前期基础。

2. 打造学生校内实践体系

校园是大学生学习、生活的主要场所,校园文化氛围和学生生活形态对学生综合素质的培养有重要影响。通过打造校内实践体系来培养体育艺术系学生的社会实践能力是一种低投入、高产出的教育方法。一方面,高校的学生管理部门和体育艺术系班级辅导员应协同配合,积极组织体育艺术院系学生建立多种形式的体育艺术表演协会或者社团(如街舞团、拉丁舞协会等),由具备一定组织管理能力的体育艺术系学生担任负责人,这样既能加强学生之间的专业交流,共同进步,又能提高学生的体育艺术创编能力、表演能力、组织管理能力,还能满足学院师生的专业需求,可谓一举多得;另一方面,高校应积极举办校内文艺汇演、运动舞蹈赛、校际体育艺术表演交流活动等,通过多种途径和方式,为学生提供自我展示和才艺表演的舞台,为学生实践能力的自我提升创造良好的外部条件。

3. 完善学生校外实践体系建设

校外实践是体育艺术类课程教学中培养社会实践能力的重要途径,由于校外是最为接近社会实际的学习环境,因此在校外的学生实践能力教学和培养也是效果最为明显的。高校要切实提高体育艺术类课程教学中实践能力的培养水平,把学生校外实践体系建设工作做实、做透。第一,高校要努力拓展与社会文体行业中各类企业、机构的合作渠道,为学生进入社会环境学习与实践搭建更大的平台,创造更多的机会,鼓励需要开展实践活动的学生到条件适合的企业中兼职,同时做好与企业中管理人员的沟通协调工作;第二,高校要加强对学生毕业实习的监督管理,高校的学生就业指导中心要多与用人单位联系沟通,随时了解毕业生在实习工作中的具体表现,促使学生端正态度,自我鞭策,全身心投入到实习工作当中,从而提高自身的社会实践能力。

(三)体育艺术类课程实践能力培养体系

高校应结合体育艺术类课程特点及教学中大学生实践能力提升的策略,遵循以生为本和科学性教学的原则,构建体育艺术类课程实践能力的培养体系

（图 2-1）。

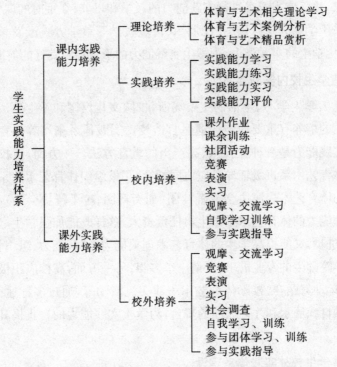

图 2-1 体育艺术类课程教学中大学生实践能力培养体系图

高校在教学实践过程中，可依据本校人才培养方案，根据体育艺术类课程教学中学生实践能力培养体系，引导学生自主学习，学会利用决定目的、拟订计划、实行和评价结果四个部分来构建自我实践能力培养的程序。（图 2-2）

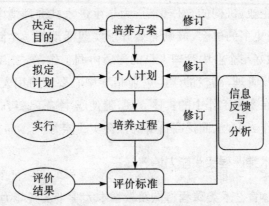

图 2-2 体育艺术类课程教学中大学生实践能力培养体育实操转化的程序设计

(1)大学生实践能力培养体系构建的理论培养的环节,包括体育与艺术相关理论学习、体育与艺术案例分析、体育与艺术精品赏析;实践培养环节包括实践能力学习、实践能力练习、实践能力实习、实践能力评价;校内培养环节,包括课外作业,课余训练,社团活动,竞赛,表演,实习,观摩、交流学习,自我学习、训练,参与社会实践指导;校外培养环节,包括观摩、交流学习,竞赛,表演,实习,社会调查,自我学习、训练,参与团体学习、训练,参与实践指导等。将这些环节体现在培养方案当中,并根据培养目标,将各种实践能力体现在教学和第二课堂活动的实施细则中。

(2)引导学生依据培养方案、结合学生个体的特点设计符合个人的培养计划。

(3)落实培养每一个学生的细节。

(4)对培养的结果进行评价,这种评价体现体系构建的各个环节,注重对培养结果的评价反馈,是对培养体系完善的重要环节。

总之,大学生自我实践能力培养的程序分为四个步骤:决定目的、拟订计划、实行和评价结果。人才培养是一个可持续发展的过程,在人才培养实践中出现问题的改进工作和一些新的发展理念被不断地融入下一次的人才培养方案。因此,接下来首要的工作是将体育艺术类课程教学中学生实践能力培养体系的各个环节尽快地体现在体育艺术类人才培养方案中。完善的评价系统是对实践能力培养的落实、监督和促进。体育艺术类课程是学校众多专业课程之一,众多的专业虽有其共性的一面,但更多的是个性的体现。在学校共性的评价系统下难以对体育艺术类课程教学中大学生实践能力的培养做出具体且有针对性的评价。因此,实践能力培养体系体现在培养方案中的同时,一定要有配套的针对体育艺术类课程学生实践能力培养的标准或细则作为支撑,使学生在学习和实践的过程中能有标准可依,才能达到理论与实践相结合的目的。

实践能力的培养依靠现有的"培养方案—培养过程"的模式难以达到理想的效果。在培养方案之下,需要启动"个人计划"的制定程序,这一程序的制定将促使人才培养方案中学生"主人翁"地位的实现,也是培养方案中人人受关注的关键点,是因材施教的起点,也是实现由培养方案共性点向"以人为本"转换的关键步骤。根据培养方案中个人计划的制定程序。因为培养方案是针对所有人的方案,具有共性,能做到的仅仅是具体到课程的实施环节,而学生个体存在差异,针对个人的具体实践能力的培养则需进一步探索。此外,在学生实践能力培养的过程中,教师的作用非常关键。因此应提高教师的实践能力,树立教师大课程观的理念,用教师的思想、行为去影响学生,继而发掘学生的创造潜能,最大限度地培养学生的实践能力。

三、体育艺术类课程实践教学的实施对策——以健美操教学为例

(一)以健美操教育教学实践工作来提高教育质量

一方面,培养健美操学生实践教学水平需要他们将现实理论与实际相结合。学生通过学习进一步巩固健美操专业知识,对之前掌握的知识能透彻理解和灵活应用,在特殊条件下遇到问题能够随机应变的解决。同时,让学生通过学习进一步提高健美操专业素质,加强自身对所学专业知识和理论知识的实践体会,培养他们对专业知识的热爱,提高他们对健美操的学习兴趣。另一方面,健美操学生在实践教学环节中会面对不同的问题,能够在遇到困难和解决困难的过程中积累经验,提高实践能力,从而促进健美操学生素质得到整体提升。

健美操专项学生的综合素质都以实践教学为导向和目的,以主观见之于客观的活动为载体,通过组织生动的实践活动,在认识和改造客观世界的同时,对自己的主观世界有了更深刻的认识和改造,并在运动中提高了自己的专业水平。所以,要想提高教育质量,必须抓好健美操教育教学实践工作。

(二)实践教学要转变观念,进一步提高对健美操实践的认识

实践教学工作有着明确的目标和方向,工作内容和安排都是以提升健美操学生专项实践能力为基础的,而这一基础以学生全面发展为导向。

首先,在教学内容上要遵守党的教育策略,也要遵循现代教育的进展顺序,顺应改革的潮流,认真观察地方和商业发展中人们的需求;要想使各个学科共同进步,就要满足多样性应用型人才的需要,以"转型发展"为开端;要想培养出基础牢固、技能突出、可以胜任健美操领域工作的人才,就要坚持以学生发展为中心的办学思想;要想培养出能够适应社会竞争的素质高的健美操应用型人才,就要领导学校进行专业建设,顺应健美操事业和产业的发展,从而达到"全民健身"和"健康中国"国家战略中所需要的目的。其次,教师在教学中要进一步更新教育观念,改变人才培养方式。健美操的实践教学需要将理论与实际相结合,把所学的理论知识灵活地运用到实践中。教师应掌握着丰富的专业知

识。有以理论基础为支撑,有效地指导学生进行实践活动。教师指导是保障实践活动效果不可或缺的因素。健美操教师在教学活动中占据主导地位,极大地影响着健美操教学的效果。学生实践能力培养的效果如何与健美操教师的指导密不可分。因此,在健美操实践教学中,教师是主导者,在引导和帮助健美操学生中起着非常重要的作用。最后,学生要积极参与。在学习中占据主体地位的就是学生,所以学生应该积极参与学习。在学习过程中,学生占据主体地位,健美操教师和学生应该相互尊重,平等地交流,总结经验,从而达到共同进步的目的。提高了学生掌握知识的能力,也完成了健美操教师的教学任务。

(三)把健美操能力培养贯穿到实践教学中来强化实践教学环节

能力需要以掌握一定知识并通过实践锻炼和强化而获得,需要理论联系实际来进行全面的培养,能力的全面性体现在各个环节中。现代健美操教学不仅要教学生学习基本动作,还要尽可能保证学生没有运动损伤。在课中要根据出现的问题随时采取相应的处理措施,必须坚持健康、安全的原则,在正常合理的范围内,尽可能保证学生没有运动损伤的情况下,实现教学目标。

健美操专项学生通过参与各种各样的实践教学活动,不断加深对理论的理解并能够在强化实践教学的环节中促进目标的实现,使所学理论知识更加扎实,既对专业知识学习的成果有更好的呈现,也实现对之前掌握的健美操知识的融会贯通和综合运用,不断栽培他们在以后的健美操教学中要理论联系实际,不断进步。同时,实践教学能进一步强化健美操专项学生对专业知识的热情,激发他们的对健美操学习的兴趣。生动丰富的健美操实践教学活动可以让健美操专项学生积极参与在其中,能够让他们在遇到困难和解决困难的过程中发现问题,克服困难并解决问题,培养学生艰苦奋斗的精神。

(四)利用"第一课堂"与"第二课堂"相结合的方法来提高实践教学水平

第一课堂是指学校按照规定实施的人才培养方案,按照培养方案中的教学大纲在教室中进行的教学。第一课堂作为高校人才培养的主要阵地,在健美操实践教学中起着重要的作用,主要体现在以下两个方面:第一,在第一课堂中开展一些具有创新性的教学内容和科技创新等活动。开展活动的目的是让学生在课堂中能够更好地学习和掌握健美操专业的理论知识,如果抛开理论知识进行实践活动,就会对活动的效果产生影响乃至无法进行实践活动。第二,第一课堂是培养健美操专项学生的主课堂,拥有着丰富的活动资源。

第二课堂是在传统课堂教学以外的一种组织活动,主要是对课堂学习的补充。第二课堂所拥有的生动性、主动性等特性是培养健美操学生实现所需的核心资源,因此把现代教学与第二课堂紧密地联系在一起。相比第一课堂,第二课堂形式更加丰富,能够更好地激发健美操学生的主观能动性、其表现是学生能够主动地参与其中,能进一步加强他们的责任感,进一步反映他们在研究中的责任心和坚定性,树立信心,使他们成为社会上需要的人才。

第一课堂和第二课堂的紧密联系,其关键是搞好实践教学培养的工作。第一课堂可以规范学生的行为,侧重于学生理论知识的学习。在第二课堂中,积极开展健美操教学实践活动,组织各种实践活动,有利于提高学生对健美操活动的热情,为学生直接提供实践表现的平台,不断地提升学生对健美操的热情。

(五)加强校企合作,拓宽健美操实践教学的渠道

校内主动是实践教学的支撑。学生是按照教师指导进行实践的。学校不仅需要在思想和行为上主动进行,还要主动地收集学生在成长过程中的需求。为学生在实践活动中提供所需要的物质方面的内容,最终实现校企协同培养的目的。

校外的联动是做好实践教学工作的根本。健美操专项学生就业所需的平台和机构等资源,很多学校都没有办法对学生提供有力的支持,对此,学校应做好与校外联合的工作:一是政策上的支持,向各级政府部门及现代社会反映现实情况,进而不断地获得政策和具有保障条件措施的支撑。二是实现平台的联合和建立。向企业反馈学生在实践中需要的方针,为学生提供岗位,还要在学校给予学生资金的支持,不断加大对指导教师的培训力度,优化资源,强化保障条件。

坚持校内主动与校外联动相结合来提高健美操实践教学水平。校内主动是做好实践教学的支撑,校外联动是做好实践教学工作的根本。只有在校内主动的情况下,才能带来一些校外联动,把两者更好地结合起来。校外联动是校内主动的支撑,可以弥补校内资源的缺失,实现健美操实践教学的资源协同。

(六)用"以赛促练"的教学方式来提高健美操专业学生运动技能

健美操学生的专项学习存在着形式单调、内容枯燥和参与性较差等明显的缺陷,学校在进行实践能力的培养中要尽可能培养一个具多种能力的专项人才。在人的全面发展过程中,离不开人的能力的全面发展。因此能力的全面发展对高校健美操的训练和其他工作的开展都是非常重要的。只有坚持能力培养与多种能力培养相结合的实践能力培养目标,才能符合社会视域下人的全面发展的要求。

实践能力培养可以通过比赛的方式来推动普及,通过赛制进行引导,同时提高社会体育指导员对实践能力的掌握和理解。学校应尽可能多地提供一些实践的机会,平时要多开展一些比赛的活动,让学生尽可能多地参加比赛来促进训练的效果,使健美操专项学生的综合能力得到迅速的提高。

在比赛中,要培养健美操学生的服从意识和随机应变的能力和相互协作的能力。通过各种形式的比赛,有效地培养健美操学生的团结协作精神,帮助学生改变以自我为中心的主观倾向,从而强化健美操运动能力;培养学生的奋斗精神,实现学生的心理素质和身体素质的共同进步;加强学生参与健美操运动的理念,引导健美操学生积极参加健美操比赛,提高健美操学生的综合素质。

第四节 体育艺术类课程"五星级"教学模式对大学生实践能力培养策略研究

一、体育艺术类课程"五星级"教学模式对大学生实践能力培养系统构建

体育艺术类课程"五星级"教学模式,以培养目标、培养准备(包括师资配备、课程设置、教材选用和物质条件)为前提,提出由教师授课模块、学生学习模块和学生实习考核模块(图 2-3)构成的培养系统。此系统的实施可使体育艺术类课程对大学生实践能力的培养现状中存在的问题得到一定缓解,能够更理性、系统、规范地开展和实施体育艺术类课程教学中学生实践能力的培养工作。

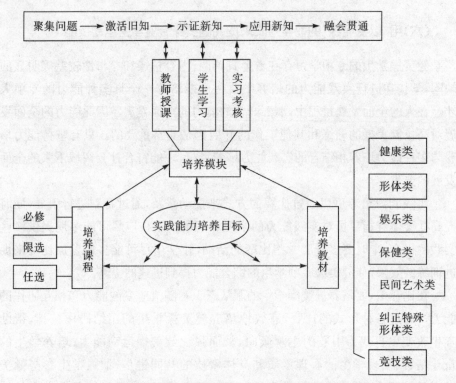

聚集问题 → 激活旧知 → 示证新知 → 应用新知 → 融会贯通

教师授课　学生学习　实习考核

培养模块

实践能力培养目标

必修　限选　任选

培养课程

培养教材

健康类　形体类　娱乐类　保健类　民间艺术类　纠正特殊形体类　竞技类

图 2-3　体育艺术类课程"五星级"教学模式对大学生实践能力培养的系统示意图

(一)教师授课模块

　　教师应根据学生特点进行教学。对刚进高校的低年级学生,从培养学生一般实践能力开始,逐渐加入专项实践能力的培养。对大学三、四年级的学生,在培养专项实践能力的基础上,穿插情景实践能力的培养。课堂上,可采用教师带领、集体教学、共同练习的教学方法,也可采用模仿教学和音乐教学的方法,还可采用提高运动记忆的教学方法。教师可利用课内外相结合的方式,课内严格教学要求,强调理论联系实际,要求学生多看、多听、多想、多练,启发式引导学生的积极性思维,把实践能力培养贯穿在每一堂课的教学过程中。课外开展多种多样的活动,如教学比赛、课外辅导、课外训练等活动。

(二)学生学习模块

　　学生学习模块是此系统的核心构成部分,分为自主学习模块、自主训练模块、自主应用模块和自主提高模块四个部分。

1. 自主学习模块

自主学习模块主要培养学生自主学习的能力。首先,突破书本教学的传统方式,把教材内容图像化,利用现代技术在网上实现教学。其次,设置互动式学习环节,使学生在协同互动的教学条件下自主、高效地学习,强化学生对实践能力提出的背景、意义、概念和构成等知识的掌握,夯实实践知识基础。最后,教师可引导学生利用音乐或视频等资源自学,提高学生对音乐的鉴赏能力和对新动作的学习能力。在体育艺术类课程教学中,学生的自主学习主要是针对一般实践能力的学习。例如,表达能力中的讲解运动技术的教学,教师指导学生模仿其技术动作的讲解方法,让学生结合书本试着自己讲解此技术动作;再如,社会活动能力中的裁判担任,学生自学规则中裁判及评分等有关的内容,有兴趣的学生还可以根据视频对其进行评分,然后与裁判的分数进行对比。

2. 自主训练模块

自主训练模块主要培养学生敏锐发现问题的能力。自主训练主要是针对一般实践能力提出的。打破传统模式中以教师教学为主的教学方式,为学生提供了更大的空间。参与体育艺术类课程学习的学生,其一般实践能力在他们进入高校后得到了更为充分的发展。以自我训练能力为例。学生根据教师教学内容和方法进行自我练习,对课上不熟悉的动作进行反复回忆和训练,逐渐领会动作技术要领。此外,教师应引导学生根据书本或视频资料进行额外训练,培养学生的识记能力和模仿能力;或者指导学生对着镜子纠正动作,培养自我纠错能力等。

3. 自主应用模块

自主应用模块主要培养学生解决问题的能力。自主应用模块主要是针对专项实践能力的训练。七个专项实践能力分别是体育教学、业余训练、体艺表演、创编、团队协作、科研和创新能力。其中,体艺表演能力是艺术素养培养体系的核心,是以培养学生的艺术感知和体验、创造和表现、评价与反思能力为目的的教育活动。创新能力是艺术素养培养体系的生命和灵魂,因此培养学生的创新能力是发展此专业的法宝。教师结合学生在自主学习和自主训练模块中一般实践能力的培养,提出具体的专项实践问题或安排带有综合性知识的专项实践任务,学生结合自己所学知识,自主地完成实践任务,从而达到培养学生解决问题的能力和提高专项实践能力的目的。

4.自主提高模块

自主提高模块主要是培养学生举一反三的能力。自主提高模块主要是针对综合实践能力的训练,以保证学生在面临具体问题时做出合理的决定,制订切实可行的解决方案,采取有效行动,最终解决问题。综合实践能力的发展要以个体的一般性实践能力素质和专项实践能力水平为基础,个体在亲历各种真实问题并解决问题的过程中逐步地得到发展和提高。学校教育对于个体情境实践能力的发展并不能起决定性作用,但可通过加强培养学生认知和意志品质等途径,间接地促成个体情境实践能力因素的形成与完善。综合实践能力分为分析判断能力、判定决策能力和监控评价能力,其中准确的决断能力是判断决策能力中最重要的要素。

(三)学生实习考核模块

加强实践环节管理与考核是强化学生实践能力和有效实行教学规范的有力保障。实践环节的考核,是指对实践效果进行评估,对学生完成艺术实践环节后进行量化的评价,是使体育艺术实践培养达到预期目的的重要动力和必要保证。因此,学校要建立严格的学生实践能力考核计分办法。对于大学一至三年级,学校可利用教学基本功比赛、各类汇报演出、系部组织校外演出及各类教学比赛等实践活动,对学生采取参加次数及评定方法记录。对大学四年级学生可组织毕业实习、毕业晚会等活动,对学生进行实践能力考核。此外,学校还可综合运用学生互评与教师评定、综合与单项评价、主观与客观评价、相对与绝对评价、诊断性与形成性评级等对学生进行全方位的考核。

二、体育艺术类课程"五星级"教学模式对大学生实践能力培养策略

体育艺术类课程"五星级"教学模式对大学生实践能力的培养,除了在实践能力培养系统的基础上进行体育艺术类课程教学和科学研究外,还应制定大学生实践能力的培养策略。下面从校园文化、项目训练、项目的社会服务功能等角度对培养大学生实践能力进行探讨和阐述。

(一)组织校园文化活动培养大学生实践能力

1.培养学生的社会实践能力

对学生而言,实践能力主要是指学生个体吸收、整合支持性教育资源和个

体教育资源,适应社会生活,解决基本实际问题,参与社会生活实践,促进自我成长,提升自我实践的主体地位的能力。校园文化活动不仅可以提升学生的综合知识应用能力、培育学生的综合素养能力,还可以提升学生的社会实践能力和职业准备能力,校园文化活动主要依托于各类活动,活动的开展要求将理论与实际紧密结合,学生通过参与组织实施活动、相关培训、参与事务处理,进一步学习成长,从而达到长知识、增才干、强能力的目的。活动组织、策划及实施的各个环节,均体现了实践的重要作用,在提升学生实践能力方面发挥着重要的作用。

2. 培养学生的专业实践能力

专业实践能力就是以体育艺术类学科专业为依托,以专业知识为基础,将所学专业知识与实际情况相结合,运用专业知识解决实际问题或完成实际任务的能力。高校校园文化活动作为第二课堂,最初是为了补充第一课堂而开展的。随着校园文化活动的普及推进,活动的开展大多着眼于学生的综合素养能力培养,缺乏学科专业背景的支撑,对学生的专业实践能力关注度不够,很难形成品牌及精品效应。如何通过校园文化活动,将课堂学习和课外活动有机结合,两者相互促进,相辅相成,既能培养学生的综合素养能力,又能提升学生专业实践能力,是高校体育艺术类课程教师和思想政治教育工作者共同要考虑的问题。体育艺术类校园文化活动鼓励大学生参与科学研究、体育艺术类项目竞赛、学生社团和其他创造性活动,打通了教学环节和非专业素质培养环节,增强了大学生对体育艺术类课程知识的认识和理解。

3. 充分运用新媒体技术拓宽实践能力提升的空间

"建构育人环境,技术是手段。教育信息化是促进教育公平、提高教育质量的有效手段,是创造泛在学习环境、构建学习型社会的必由之路,是当今世界越来越多国家提升教育质量的战略选择。"①随着网络技术的发展,新媒体大量涌现。从一定程度上看,对新媒体的运用程度决定了文化渗透和传播的广度。建立在网络技术基础上的新媒体覆盖面广,包括网站、博客、官方微博、微信公众号等,这些新媒体都是传播"知行合一、求实创新、厚德载物"等校园文化的重要媒介,特别是通过新媒体广泛宣传敢于实践、善于实践、乐于实践的先进典型,树立榜样,引导广大学生致力于体育艺术类课程学习的科学探究和锻炼实践。

---

① 教育部课题组. 深入学习习近平关于教育的重要论述[M]. 北京:人民出版社,2019.

新媒体除了能传播校园文化的基本内容以外,还能够为学生提供大量的实践素材。它主要从以下几个方面进行:一是学校可以制作融合了校园文化的视频和材料,供学生学习和领会。二是学生通过互联网海量的关于体育艺术类项目的相关视频资料,从中挑选行之有效的学习活动。三是通过 VR(虚拟现实)技术,学生能够进行虚拟实践活动。通过这些新媒体和新技术的运用,既让校园文化最大限度地融入学生的体育艺术类课程学习生活,也能促进学生的实践能力培养。

(二)利用体育艺术类项目训练培养大学生实践能力

1. 利用体育艺术类项目训练提升大学生身体素质

身体素质一般是指人体在活动中所表现出来的力量、速度、耐力、灵敏、柔韧等。身体素质是一个人体质强弱的外在表现。良好的身体素质是保证一个人幸福生活和有效参与各种社会实践活动的基础。近年来,由于网络信息化的快速发展,学生利用手机等信息工具或互联网平台,在不断获取知识的同时,也存在身体素质日益下滑的趋势。学生参与体育艺术类项目训练,对提高大学生身体素质、防止学生体质下滑有重要的影响;持续的体育艺术项目训练直接促进学生体质的增强和健康心理的提升,为学生走向社会、参与社会劳动提供了坚实的身体基础,也对学生成长成才有着深远的现实意义和社会意义。

2. 利用体育艺术类项目训练提升大学生抗挫折能力

当今社会,随着生活水平的不断提高,大学生大多是独生子女,家庭条件优越,但其抗挫折能力弱、心理健康水平低。调查发现,这类学生往往对体育训练缺乏热情。学习、就业使得大学生身心承受较大的压力,缺少社会实践能力,跟不上社会发展的节奏。学生抗挫折能力的培养是学校和家庭需要共同面对和承担的问题和责任。参加体育艺术类项目训练的学生抗挫折能力较强,这是因为他们在训练中要经历困难和挫折,在比赛中承受过多次的胜与败,在这一过程中,既加强了他们心理素质的锻炼也提升了他们的抗挫折能力。

3. 利用体育艺术类项目训练提升大学生交际能力

交际能力,即人际交往能力,是一个比较复杂的概念,涉及文化、语言、心理等多种因素。学校组建校队通常是把来自不同学院的体育艺术项目特长者、爱好者聚集在一起,让他们在训练和比赛过程中互相学习,共同进步,让他们在训练过程中加强情感交流。在竞技比赛中,无论是表演赛还是对抗赛,赛前和赛后双方队员都握手示意;遇到运动品质比较好的运动员,还可以合影留念,互留联系方式等。毕业后,大学生通过运动认识新的体育爱好者,能够快速形成运动团体。可见,体育艺术类项目训练对大学生的交际能力的提高作用是毋庸置疑的。大学生热衷于体育艺术类项目训练,并能够积极而热情地投入到训练当中。

4.利用体育艺术类项目训练强化大学生竞争意识

没有竞争,社会发展将停滞不前。竞争能力是大学生必备的实践能力之一。在当前"大众创业,万众创新"的大环境下,大学生如果没有较强的竞争精神,还未走上社会时就将面临下岗的问题。任何体育比赛,都有着残酷的淘汰机制,这恰恰也是体育比赛的魅力所在。体育艺术类项目训练、比赛都存在激烈的竞争,任何运动队都有主力队员和替补队员。学生只有在训练、比赛中正确面对困难和压力,充分发挥自己的潜能、聪明才智,才能走得更远,收获更多。因此,体育艺术类项目训练是培养大学生竞争能力的最好方式。

5.利用体育艺术类项目训练提升大学生组织管理水平

组织管理能力是一个人的沟通能力、设计能力、管理能力、策划能力、技术能力、实施能力等基础能力的外在综合表现。在学校,体育艺术类项目训练队的学生都是来自各院系的运动佼佼者,学校组织的各类体育比赛,他们不仅是队员,还可能是队长或是学生教练。在平时的训练和比赛中,他们的经验得到了积累,能力得以锻炼,这对培养他们组织管理能力有着积极的作用。从运动训练的角度来看,组织管理能力的高低反映出一个人的训练水平的高低,有较高技战术的运动员,他们的组织管理能力也相对较强。

(三)发掘体育艺术类项目的社会服务功能以培养大学生实践能力

发掘体育艺术类项目的社会服务功能,就是要构建体育艺术类项目的社会服务中心,给服务中心匹配所需的基础设施、人力资源、组织机构等不可或缺的条件。基础设施包括学校所有的体育场、馆以及各种运动设施,是保障开展各项体育艺术类活动的硬件设施,这也正是目前社会所缺乏的。人力资源包括两类:一类是体育院校的专业教师、教练、管理及科研人员;另一类是各类体育专业学生。组织机构可根据服务中心开展的业务范围,加以调整,但基本包括行政部、业务部和财务部三个分机构。此外,体育艺术类项目社会服务中心应具备基本资质,由两部分组成:一是中心的基本任务,即利用现有优势资源,直接为地方提供社会体育服务,包括运动项目俱乐部、体育赛事策划与组织、社会体育活动指导、国民体质监测等。二是运营模式,总体采取中心主任负责制,中心主任则通过竞聘产生。

体育艺术类运动项目俱乐部整个经营过程主要围绕参与性消费、服务性消费和二次利润的开发三个方面展开。参与性消费是指通过设置适合不同年龄段和性别的各类体育艺术类项目活动来培养大众的运动参与兴趣。服务性消费是根据参与体育活动人群的目的、健康状况和经济实力不同,制定具有针对性的服务项目,如单项私人教练、开具运动处方、制订个性训练计划等。二次利润的开发是在获得较好的人气的基础上进行的相关利润的开发。

体育赛事策划与组织的业务内容主要以策划社会体育赛事和企、事业单位等小型赛事为主,力求参与人数规模化、参与项目多样化;社会体育活动指导是社区体育活动的关键,随着人们健康观念的增强和运动需求的不同,社会体育必将朝着体育活动项目的多元化发展,因此需要各种体育人才来指导体育活动。体育服务中心利用现有的社会体育指导员(包括学校内的专业教师和专业学生)来指导体育活动。同时,与当地有体育特长并取得社会体育指导员资格的人才签订合作协议,建立一个体育指导员资料库。这样,既可以帮助活跃社区体育活动,又可以有效利用社会体育指导员资源。国民体质监测是一项民生工程,随着人们生活水平的提高,人们对自己的健康状况更加关注。但国民体质监测工作量大,地方体育行政部门此项工作压力较大,体育艺术类运动项目服务中心可以利用现有的大学生体质监测中心的资源配合地方行政部门联合承担国民体质普查的业务。

第三章 体育艺术类课程"五星级"教学模式对大学生创造能力培养研究

第一节 大学生创造能力培养基本概述

一、创造能力的概念

关于创造的解释,哲学家认为,创造是生产出前所未有的事物;经济学家认为,创造是人们应用已知信息产生某种新颖而独特的、具有社会价值或个人价值的产品的过程。综合众多专家、学者对创造这一概念的阐释,创造的定义可以表述为:人的全部体力和智力都处于高度紧张状态下的一种活动,一种具有独创性、新颖性、实用性、时间性的人类活动,它是一种破旧立新,即打破世界上已有的,创立世界上尚未有的精神和物质,人们为实现一定的目的,综合运用各种有关的信息,并通过自身独特的思维方式和操作过程,产生出前所未有的、具有一定社会价值的新成果的活动。创造的内容极其广泛,涉及人类活动领域的各个方面。科学家创建前所未有的理论体系、发明前所未有实物产品是创造;人们在日常生产、生活中的一次小小的发现或操作是创造;爱迪生发明电灯是创造;约翰·瓦勒发明的曲别针是创造;教师对教案的改革、对教学方法的改变等也是创造。总之,世间一切事物,除了自然形态的,其余都是人类创造活动的结晶。创造是历史前进的根本动力,人类进化发展的历史就是一部创造发明的历史。没有创造,就没有今天人类社会的物质和精神的文明。实际上,创造是人类最重要、最根本的特征,创造活动是人类最有价值、最有意义的实践活动。

创造能力是一种创造性解决问题的综合能力;是人根据一定的目标任务,开展积极能动的思维活动并产生具有一定社会价值的新观点、新理论、新产品、新工艺的能力;是人类大脑思维功能和社会实践能力的综合体现,即发现问题和解决问题的能力和实践能力。具有创造能力的大学生要求具有扎实的基础知识和良好的心理素质,广博的知识面和丰富的想象,高度的自觉性和独立性、有强烈的好奇心和求知欲,严谨执着、不怕失败的良好品质。创造能力是人们在进行创造性(即具有新颖性、不重复性)的活动中所表现出来的一种能力。创造能力可使人们活动的成果具有新颖性。基于对新的理解,创造能力可分为特殊才能的创造能力和自我实现的创造能力两类。若创造成果对于整个人类社会来说是新的,则是特殊才能的创造能力;若创造成果仅对于创造者本人来说是新的,则是自我实现的创造能力。[①] 有些人认为,特殊才能的创造能力只有科学家、发明家、艺术家等才会具有,而普通人的创造能力则只能是自我实现的创造能力。这种观点是不妥当的,它既不符合客观实际,也有碍于人们对创造能力的开发。两种创造能力都属于创造能力的范畴,即其活动成果都具有新颖的意义,两者都需要经过一定的启发、培养、教育和训练,经过创造者自身的努力才能够得以提高。

二、大学生创造能力的内容

(一)创新精神

创新精神即创新意识,是指在解决问题与学习过程中,推动主体运用变化、组合等创新手段进行探索,从而得出创新成果,获得创新知识与创新能力的、受主体个性特征(如动机、情感、兴趣、态度等)制约的一种特定心理状态。它是主体深刻领会了创新在人类实践活动中的价值之后产生的,是推动个体终身从事创造性活动的强大而持久的动力,是个体在创新活动中克服各种困难、面对可能的失败带来的心理压力时,不断开拓、探索,最终做出创造性贡献的支柱。要培养大学生的创新精神,我们必须确立以创新为核心的教育思想,构建适用于大学生创新意识培养的教育内容、教育方法及教育评价体系,营造一种适应人才健康成长的氛围和良好的教育环境。培养大学生创新精神的途径主要包括以下几点:

第一,培养创新精神,应该从问题意识开始,这也与"五星级"教学模式第一步聚焦问题相契合。大学生的问题意识薄弱的表现有两种:一种是不敢或不愿提出问题,这类学生有一定的问题意识,但没有表现出来,呈潜在的状态;另一

---

① 沈世德,薛卫平. 创新与创造力开发[M]. 南京:东南大学出版社,2002:3.

种是不能或不善于提出问题,学生受教与学等多种因素影响,不善思考,思维惰性大,问题意识较少或没有。要培养学生的问题意识,就是要激发学生的问题意识,使潜在的、静态的问题意识转化为显在的、动态的问题意识,发挥其作用和价值。

第二,培养大学生创新意识应从体育艺术课程的教学内容、教学方法、教学评价等方面进行。合理的教学内容知识体系是大学生进行创新活动的前提和基础;好的教学方法可以使教育教学活动富有探索性,能为学生思考、研究和发现提供较大的空间;教学评价应注重创新意识和创新能力,无论是学生德智体综合测评还是推优评优标准,都应以有利于学生个性健康发展和创新意识的培养为目标。

(二)创造性思维

创造性思维是指主体在创造性活动中所进行的以解决问题为前提,运用独特新颖的思维方法,以直觉、灵感、顿悟等突发性思维引起认识飞跃为显著标志,创造出有社会价值的新观点、新理论、新知识、新方法等的思维过程。创造性思维的特征包括发散性、新颖性、独创性、朦胧性、灵感性以及求异性。创造性思维的思维形式包括非逻辑思维和逻辑思维两种。前者具有非逻辑性、直接性、主观性、快速性、或然性,后者则具有严密性、间接性、持久性、清晰性和确定性。非逻辑思维是一种普遍的心理现象,可以在客观现实提供的各种可能性中做出适当的选择,在纷繁复杂的情况下做出有效的决策,在事实证据有限的条件下做出准确的预见,对于创造、发明、发现的产生起到至关重要的作用。逻辑思维的目标是要得到思维的成果。获得思维的成果就得先找到推理或证明成果的方法,而这种推理或证明方法的获得本身也是一种发现的结果,即一种创造成果。

创造活动常常是在非逻辑思维和逻辑思维的密切配合、协同活动下进行的。在创造活动过程中,当遵循严密逻辑规律、采取逐步推进方式的分析思维难以施展和奏效时,富有探索性的非逻辑思维便被启用,而在非逻辑思维的探索取得初步结果之后,则又需要逻辑思维来加以整理和检验。可见,创造性思维是非逻辑思维和逻辑思维的最佳结合。

(三)创造性人格

创造与人格密切相关。人的创造性是潜在的,依托于后天的教育和培养。

大学阶段是人的生理、心理剧烈变化并逐步走向成熟的时期,尤其非智力因素发展迅速。创造性人格是指培养和发展有利于创新意识开发、创新精神彰显、创新能力强化的人格特质。创造性人格主要包括独立生存的自信心、不进则退的进取心、百折不挠的坚韧心和胸怀社会的责任心。创造性人格是创新活动的内在动力机制,是创新意识和创新精神在个人心理层面的积淀,是创造能力形成的内在动力源。因此,创造性人格对于大学生创造能力的培养至关重要。

(四)团队协作精神

协作精神在很大程度上影响着创造潜能的发挥。大多数人在集体活动中会表现出较高的创造性。因此,培养大学生的创造能力,既要培养他们的独立性,也要注意培养他们的协作精神。学校应充分认识培养创造型人才的优势和作用,加强大学生团队意识教育,更好地服务于知识经济时代对创造性人才的需要。

三、培养大学生创造能力的意义

(一)经济全球化、知识经济时代具备创造能力的人才

随着世界经济全球化和科技的迅速发展,知识经济、信息经济正在逐步改变人类的生产和生活方式。知识经济、信息经济是以知识和信息为动力的经济,是建立在知识和信息的创造、分配和使用基础上的经济。知识经济以知识的创造和使用为核心,以人力资源和技术为动力,以高新技术产业和服务业为支柱,以科学研究和技术创新为后盾,以信息密集和不断创新为特征,它既不同于依赖土地资源的农业经济,也不同于依赖自然资源和资本的工业经济。知识经济对于科技和创造型人才的依赖,使高素质创造型人才的作用日益凸显出来。综合国力的竞争,越来越表现为经济实力、国防实力和民族凝聚力的竞争。无论哪方面的竞争,归根到底都是科技和人才的竞争,都需要高素质创造型人才来支撑。知识作为蕴含在人力资本和技术中的重要成分,是经济发展的核心。知识的价值在于创新,创新程度越高,知识的价值也就越高。创新是民族兴旺的关键因素,当今世界一个国家竞争力的强弱从根本上取决于该民族的创造力水平的高低。知识经济呼唤创新,所以,创造型人才是知识经济时代的迫切需求。

21 世纪,要迎接经济全球化的挑战,最重要的是要创新。一个国家、一个民族没有创新就没有发展,没有发展就要落后,落后就要受制于人。作为发展中国家,我们要赶超发达国家,创新的任务更重、更迫切。我们迫切地需要提高大学生的创造能力,以适应知识经济时代的需要,使我们的国家自立于世界民族之林。目前,各国都在对全球化给本国带来的利弊、得失以及如何趋利避害加强研究。比较一致的认识是随着经济全球化的到来,世界范围内的经济和综合国力的竞争将更加激烈。这种激烈的竞争归根结底是人才和人才素质特别是尖端科技创新型人才的竞争。在 21 世纪,人才流动的增长速度将超过货物和资本流动的增长速度,尤其跨国公司同中国企业争夺人才的现象会明显加剧。经济全球化对我国的最大挑战从某种意义上说将表现在人才问题上,我国人才特别是高层次创造型人才短缺和人才外流的压力会进一步加大。

大力培养高层次的创造型科技尖端人才,造就一批真正能站在世界科学前沿的学术带头人和尖子人才,以带动和促进民族科技水平与创新能力的提高,要求我们必须增强紧迫感、危机感、责任感,集中精力,抓紧时间,在搞好各项改革工作的同时,着力提高全民族的科学文化素质和创造能力,只有这样才能在经济全球化进程中立于不败之地。

(二)培养具有创造能力的人才是实现中华民族伟大复兴任务的迫切要求

中华民族是富有创造精神和创新能力的伟大民族,古代中国人曾以"四大发明"等众多科技创造闻名于世,对世界文明的发展做出重大贡献。要实现祖国富强和中华民族伟大复兴,就要继承和发扬先辈们勇于创造的精神,提高中华民族人民的整体素质,把着力点放在培养提高大学生的创造能力上。创新是一个民族的灵魂,是一个国家兴旺发达的不竭动力。面对当前日趋激烈的国际竞争,世界各国都在抓紧制定面向新世纪的发展战略,争先抢占科技、产业和经济的制高点,我们必须顺应潮流,乘势而上。高素质创造型人才是各行各业的尖兵,是中华民族的精英、社会发展的先锋队,培养高素质创造性人才是实现中华民族伟大复兴战略任务的重要环节。

(三)培养具有创造能力的人才有利于人类的生存、进步,社会的持续发展

劳动创造了人,人是人类社会的核心。创造是人类进化和发展的基础。"要改变一般的人的本性,使他获得一定劳动部门的技能和技巧,成为发达的和

专门的劳动力,就要有一定的教育或训练"①。教育作为人类社会特有的社会现象,其本质是培养人的社会实践活动,使人类社会得以延续和发展。高素质创造型人才对人类自身的生存,特别是人类自身的发展至关重要,也是促进人类社会可持续发展的不竭动力。在当代社会,科学技术突飞猛进,经济建设日新月异,人类在改造客观世界的同时,也十分需要适应自身生存发展的良好环境。特别需要重视如何通过提高自身的素质和创造能力来提高人们的生活质量及生活水平等方面的问题。人类的生存和发展对高素质创造型人才的需求是多层次、多类型的,高素质创造型人才不仅具备广博的知识,强烈的创新意识,不畏艰难、勇于攀登的精神和较强的创造能力,更有较高的思想政治素质和社会责任感,把人类的生存和进步以及社会的发展作为基本着眼点,并且能为人类和人类社会的可持续发展做出贡献。

(四)培养大学生的创造能力是高等教育的重要责任

我国明确提出了科教兴国的战略,旨在把我国巨大的人口压力转变为丰富的人力资源优势。我国高等教育要围绕全面建成小康社会这一目标,大力培养一批科技、经济、社会等领域需要的高新技术人才和各类专业人才,要大胆改革传统教育解决其存在的问题和弊端,有效实施素质教育,大量培养创新型人才。

四、体育教学中培养大学生创造能力的基本方法

(一)建立新型的师生关系

教育工作最大的特点在于它的工作对象是有思想、有情感的个体。传统教育的师生之间缺乏交流,学生被动地接受知识,毫无创造性可言。要改变这种状况,就要使学生成为学习的主体。在教学中,教师应多参与学生活动,了解、指导学生的探索活动,把自己视为学生中的一员。教师还要更多地表现出对学生的关怀、尊重、信任,与他们交朋友,帮助他们树立学习的自信心,鼓励他们提出不同的见解,从而形成师生间的思想交流、情感交流,营造一种民主、平等、和谐的课堂氛围,这样有利于培养学生的创造意识。

体育运动既是身体活动(生理活动),也是脑力活动(心理活动)。在教学的

---

① 马克思,恩格斯. 马克思恩格斯全集:第 23 卷[M]. 中共中央马克思恩格斯列宁斯大林著作编译局,译. 北京:人民出版社,1972:195.

双向活动中,要使学生主动处于积极的思维状态中,教师必须改进教学方法,启发、诱导学生的思维。在以往的教学中,体育教师往往用"强迫性"的教育方式,虽然上课秩序井然,但是抑制了学生的学习兴趣,扼杀了学生的创造力。因此,教师在教学中要引入新的教学思想和方法,要改变在应试教育模式下所产生的"教师教什么,学生就学什么"的落后教学方法,用素质教育的理念正确处理教师的"主导"和学生的"主体"关系,切实把学生的主体作用放到首要位置上,让学生变被动学习为主动学习,发挥学生的自觉性、独立性、积极性和主动性,使学生的思维由原来的被动思维,变为主动的创造性思维,培养激发学生学习体育的深层动机,从而促进学生更好地学习,在学习过程中能有所发现、有所提高、有所创新。

(二)基本方法

1.问题教学法

学生在参加体育活动中会遇到种种问题和困难,如体育锻炼的方法,提高成绩的途径,各种体育项目的技术、战术、规则、练习方式、场地器材等,教师应鼓励、引导学生大胆地提出问题,并针对性地回答问题,让学生通过"观察—提问—假设—推理—验证"五步思维方法对问题反复地、持续地进行研究、实践,使学生逐步养成善思、勤问、好学的良好习惯,从而有效培养学生的创新能力。例如,在针对女生体育课难上这一现象,教师可在学期初或期末的体育理论试题中出一道这样的题目:假如你是体育老师,将如何设计一堂生动活泼的女生课?同学们根据自己的爱好和想象,提出许多新奇有趣的方案,采用问题教学法能引导学生参与思考,充分发挥创新思维能力。

2.发现引导法

创新贵在发现,教师要善于抓住学生创新的萌芽阶段,把他们的无意创新转变为有意创新。学生经常自发性地开展游戏创新活动,教师要做有心人,要细心观察,发现肯定,热情支持,积极引导,精心培育。例如,在跳绳活动中,学生掌握基本跳绳的方法技巧后,教师可引导学生大胆创新其他用绳锻炼身体的方法,学生可自行寻找练习伙伴,积极参与,创造出了各种各样的方法,如双人跳、一人摇绳两人跳、跳长绳、用绳跳高、拔河、开火车等练习方法。学生的活动热情高涨,可见发现引导法此举对于提高学生的思考能力和创造能力有极大的促进作用。

3. 暗示教学法

暗示教学法强调借助各种暗示手段,发挥有意识和无意识的作用,充分激发学生的学习动机和学习潜力,让学生运用自己已有知识和经验,发挥学生自身主观能动性去探索解决问题的方法,从而使学生较快地掌握所学技术动作和有关知识、方法及原理。例如,在跳跃、变速跑、长跑教学中,教师暗示学生联系生活中的动作。跳跃可暗示为跳过小河,跳过障碍;变速跑、长跑可安排适量的学生急行军等生活中有意义的事情。

4. 探究教学法

学生最重要的是学会学习,创造性学习倡导的是自主学习。体育教学的目标是终身体育,让学生掌握锻炼的方法,养成锻炼的习惯,不仅让学生学会锻炼、学会健身,更重要的是通过"学"能最终摆脱"束缚"。在体育教学中,对某一个动作教学教师不仅要教会学生会做这个动作,还要使学生知道这个动作的技术结构、作用,以及这个动作还会创造出哪些动作;采用不同方法使学生明白技术内在的联系,并使学生能创造出新的动作;通过运用灵活、生动的教学方法,使学生开动脑筋,让他们积极主动地获取知识。此外,教师还要注意教学内容的选择要符合学生的身心特点,力求使单调的教学内容具有新意,以不断引起学生的注意,唤起他们强烈的求知欲,使他们在学、练中达到入趣、入情、入境,获得主动的发展,进而开发学生的智力,提高学生的创新思维能力。

5. 团体教学法

团体教学是创设条件,有目的、有计划地激发学生的兴趣,着眼于各种不同结论的选择讨论。通过讨论、实践、理解、再讨论、再实践、逐步总结提高,在练习中掌握规律,并熟练运用。这种团队训练、集思广益的方式,促使个体在小组中充分发挥聪明才智和创新能力。例如,学习某一技术动作,可让学生组成若干小组,分组对技术动作的要领进行讨论,让学生在小组讨论中充分发挥自己的想象,创造出新的锻炼和学习手段,促进技术动作的学习。

6. 创造性教学法

创造性教学法是指创设情境,培养学生的创造意识,训练学生的创造性思维,通过各种体育活动培养学生发现问题、分析问题、解决问题的能力,挖掘学生的创造潜能,开发学生的创造力,培养学生创造性学习的教学活动。教师通过各种教学手段展现情境;以图画、录音、录像、多媒体再现情境,以音乐渲染情境,以表演体会情境,以语言描述情境,从而激发学生的创造情趣,促进学生创新能力的提高。

　　培养学生的创造能力既是素质教育的发展要求,也是学校体育教学目标更好地实现的表现,在体育教学中培养学生的创造能力不可能一蹴而就,需要教师在教学过程中增强创新意识,灵活运用教学手段,以促进学生创造性思维的发展,培养学生的创造能力。

第二节　体育艺术类课程对大学生创造能力培养价值研究

一、体育艺术类课程教学对大学生创造能力培养具有重要意义

　　体育艺术类项目运动可以反映大学生自我要求和社会价值,以及培养大学生的自我完善能力,它以不同的形式表现出来,大学生在运动过程中可以获得身体和心理的能力的锻炼。在体育运动中,大学生通过反复练习掌握运动技能并养成锻炼身体的习惯,可以获得在生活、学习与工作方面的良好效应以适应社会。运动竞赛是体育运动的特点之一,它是一种有助于大学生最大限度地发挥体力、智力水平和审美能力的实践活动,是一种有助于深刻的情绪体验。体育艺术类项目运动有一定的意志体现,特别是运动成绩反映着意志特征,既要有强烈的责任感,也要有较高水平的记忆力、注意力、想象力等意志品质。体育运动是一种富有乐趣的社会文化活动,能提高大脑皮层神经细胞的工作能力,使人精神振奋、反应能力得到锻炼,也能增加乐趣、培养兴趣、陶冶情操、促进智力发展等方面有重要的作用。

　　创造力的内涵包括一个人的个性、气质、性格和能力等其他因素,它和综合能力关系密切。能力与知识、技能相联系,能力是掌握知识、技能的必要前提,知识、技能的掌握,依赖于能力的形成和发展。创造能力的发展与创造思维的发展密切关系。创造思维是思维的最高表现形式,它往往与创造想象相联系,而创造想象是各种创造活动的必要组成部分。体育艺术类课程教学中的创造能力主要是指自我开发的创造能力,即按能力发展的规律开发蕴藏在学生身上最宝贵的能力资源。培养学生的创造能力是造就创造型人才的首要任务。

体育艺术类项目运动不是人的身体素质和运动能力的简单组合,而是以具有一定的体育知识、要求、行为标准和原则以及本领与技能为前提的教育过程。体育艺术课程教学不只是身体练习,其对人的个性特征、审美能力、观察能力、记忆能力、想象能力以及性格等因素的形成和发展有着直接或间接的影响。进行体育艺术类课程教学、开展相关活动,对发展学生的体能、身心素养,尤其是创造能力有着重要的意义和作用。

二、体育艺术类课程在大学生创造能力培养中的作用

(一)体育艺术类课程开设有利于促进教学观念转变

创造能力的培养和造就,要靠创造性教育。创造性教育是指教师通过一定的教学方法培养出有创造能力的学生的过程。只有让创造者独立自主地进行创造性活动,才有可能使创造能力得到培养和发展。体育艺术类项目的学习过程,应注重发挥学生的独立性、自觉性、学生的积极性和主动性,改变他们被动学习的地位,让学生感受到充分的信任和尊重,树立自理、自制、自练、自评的思想,使其创造力、想象力能够充分地表现出来。体育艺术类课程开展有利于促进教学观念由传统陈旧向创新型转变,教学观念的转变有利于培养学生分析问题和解决问题的能力,有利于培养和发展学生的创造能力。

(二)体育艺术类课程有利于学生在学习与掌握运动技能中启发思维

认知心理学认为,在特定情境(动作行为环节),知觉在意识支配下自觉地、有目的地筛选或检索外部信息,所得信息通过机体的外导系统(视听、触觉)和内导系统(动、平衡觉)的输入,在相应的神经中枢进行整合,通过反复多次进行反馈强化后,动作达到了对特定环境的适应,即形成了运动技能。这说明,体育艺术类项目运动技能的形成是在大脑神经系统的支配下完成的。任何技术的形成都要求有意识地调节,而有意识地调节动作必须以分析动作、掌握动作的概念为前提。概念的形成是运动智力的主要方面,因此,在意识支配的一切动作练习中都潜藏着各种能力。在体育艺术类项目运动技能形成的过程中,运用表象去支配技术动作,保持表象的稳定性同时,需要思维的控制,这是紧张的智力活动。因此,在体育艺术类课程教学中,从形象思维入手形成动作表象,对培养抽象思维能力和自检能力十分重要。教师在教学和训练活动中,提供和创造

动手能力方面和理论付诸实践方面竞争的机会,如教师在体育艺术类课程教学过程中利用各种运动项目特点进行学习动作方面的比赛,提高学生对这些方面的重视度,继而提高学生的思维能力和动手能力。教师要在教学活动中和训练中,提醒学生自己发现错误,让学生从实际操作中明确地提问题和改进方法,培养学生创造性的思维能力。尤其是在运动技能定型之后,要求学生精益求精,发展他们的独立创新能力,发挥创新精神,有意识地培养学生的创造能力。

(三)体育艺术类课程有利于培养学生的发散思维

发散思维是创造性思维的一种重要形式,它要求思维主体从多维度、多方面探索问题。发散思维的主要特点是思维的流畅性、变通性和独特性,即思维主体在一定时间内产生尽可能多的、与众不同的有成效的观念或想法。在体育艺术类课程教学中,教师应注重培养学生从多维度思考问题的能力。例如,在体育舞蹈教学中,教师让学生观看舞蹈图片来思考舞蹈的构思。事实也证明,学生的构思从不同的角度反映了舞蹈的内容,有的从服装色彩方面来构思,有的从舞蹈的意境方面来构思,有的从体育舞蹈的基本动作和舞蹈的情节等方面来构思。通过这种训练,拓宽了学生的思路,培养了学生主动观察、主动思考的能力,为培养其创造性思维奠定了基础。

(四)体育艺术类课程有利于培养学生的想象力

艺术活动的本质是创造性活动,是人的智慧的高度体现,培养学生的创造性想象是体艺术类课程教学中最为重要的环节。以体育舞蹈课程教学为例,其一个重要特点就是律动,而节奏是律动的基础,没有缺失节奏的音乐,也没有缺乏节奏的舞蹈。节奏起着一种承上启下、抑扬顿挫的作用,赋予动作以色彩,使学生产生美的愉悦。也正因此,在体育舞蹈课程教学中,节奏的训练十分重要。节奏的创造性依赖于想象。想象是根据一定的目的、任务独立地在头脑中创造新形象的心理过程。实践证明,想象是创造的前奏,是一种感知能力的体现,善于想象的人往往更富有创造能力。体育艺术类课程有利于培养学生的想象能力。如在体育舞蹈、瑜伽、健美操等项目教学中,对动作领悟、舞姿设计等均需要学生发挥想象能力,融入了学生的想象能力的教学设计,呈现了许多新颖、独特的舞姿,其表现也更加到位、更富有感染力。通过体育艺术课程教学中的想象设计,有利于提高学生的想象能力和创造能力。

(五)战术教学与训练有利于培养学生的思维能力和创造能力

体育运动教学中有技术、技能的教学,各运动项目都有训练和比赛问题,这就需要进行战术教学与训练,体育艺术类课程教学也不例外。所谓战术,是指有针对性地、合理地调动具体动作,组成新的动作系统。战术思维是战术的一个重要组成部分,是运动智力的重要体现,它包括有感知觉、记忆和逻辑思维,要求具有思维的准确预测。思维的预测力是超前的思维反映,而根据临场比赛情况的变化而改变战术行动,则表现了运动思维的灵活性,这要求学生思维要机敏、准确和深刻。同时,战术行动与情感意志的转变过程密切关系,因此,战术运用具有创造性,体现了学生的思维能力和创造能力。通过战术教学和训练,给学生创造心理状态的最适宜条件,发展他们的意志品质和战术思维能力,培养他们的独立性和创造性,从而发展学生的创造能力,是体育艺术类项目教学与训练中的重要方面。

(六)在体育实践和处理各种人际关系中培养创造能力

体育活动实践是培养与发展学生能力和智力的基本途径。在体育艺术类课程教学中,要组织学生广泛参加课内外各项体育活动,这有利于增长他们的知识水平,提高他们的综合分析能力,从而发展他们的创造能力。由于体育艺术类课程教学和训练都是集体活动,多发生在同学之间、班集体之间、教师与学生之间、运动员与裁判之间、观众与运动员之间等,这些人际关系的处理和思维能力相联系,而且涉及其他心理素质。在复杂的人际关系中,发展良好的心理品质,培养学生妥善地处理问题的能力,无疑是发展学生的创造能力,使其适应社会需求的途径之一。

(七)体育艺术类课程教学的趣味性有利于发展学生的创造能力

教学的主要目的是在传授知识的同时,灵活地去发展学生的智力和能力。学生能力、智力的发展与兴趣爱好有密切的关系。研究表明,兴趣是学习最活跃的"元素",是掌握科学知识的重大推动力。古今中外,许多思想家、科学家在事业的起点往往始于兴趣。强烈的兴趣和求知欲,既是能力、智力形成和发展的动力,又是其活动的标志,它对活动的创造能力具有促进作用。体育运动主要是从事身体练习,体育教学着重于重复练习,并使身体承受一定的负荷从而达到体育教学的目的和要求。因为体育教学活动也会使学生产生厌倦和焦虑的心理，导致情绪低落。这种心理状态对培养学生想象思维、创造思维的能力有着消极的影响，所以必须激发学生对体育的兴趣。相对来说，体育艺术类项目对比一般体育项目更具吸引力，更能激发起学生的兴趣，其锻炼难度也较一般体育项目高，从而更能激发学生的好胜心和学习欲望。学生的学习兴趣一旦被激发，学生就会聚精会神，表现出愉快紧张的情绪以及坚强的意志力，从而消除不良的心理状态，进一步培养学生勤学好练的精神。体育艺术类课程教学的趣味性是激发学生创造能力的催化剂。

在体育艺术类课程教学中要注重培养发展学生的思维能力、敏锐的观察力、勇敢果断精神和良好的意志品质，以及对练习的专注力，开阔学生视野，使他们能创造性地进行体育艺术项目练习、对学习保持新鲜感，并激发他们的求知欲，培养他们敢于标新立异、敢于创新的进取精神。

第三节　体育艺术类课程"五星级"教学模式对大学生创造能力培养策略研究

一、体育艺术类课程"五星级"教学模式培养大学生创造能力的基本要求

(一)敢于质疑，发现问题

创造性思维是从问题开始的。培养学生发现问题、提出问题的能力，首先要鼓励大学生敢于和善于质疑。学生从看似平常处见奇，这是发现问题的起点。体育艺术类课程"五星级"教学模式正是从问题出发的，学生提出问题后结合已有知识，论证新的知识，再将其运用于体育艺术类项目训练实践中，最后进行融会贯通。

(二)多向辐射，拓展思路

体育艺术类课程"五星级"教学模式的五个步骤中都在拓展学生思路，培养学生创造性思维。创造性思维是发散思维和辐合思维的辩证统一。发散思维的培养，主要教学生学会多维度地思考问题，以求得多种设想、方案和结论，有

助于学生开拓思路,突破单向性思路的狭隘和保守,培养思维品质的广阔性和灵活性。体育艺术类课程教学中,学生集合队形的变化、音乐节奏的变化等都是一种创新,只要运用得当,就可以使学生在体育艺术类课程教学中表现出更强的创造欲望,使其对创造创新充满信心。

(三)打破常规,突破思维定式

创造创新的契机往往存在于常规思维不能解决的事情和问题中,创造创新需大胆求异,突破思维定式。在体育艺术类课程"五星级"教学模式实施中这样的例子有许多。例如,在体育舞蹈曲目训练中对于高难度动作的处理,在多次尝试都不能达到要求的情况下,就需要学生进行突破性的思考和改变。当问题得到解决,学生获得成就感的同时,也激发了学习的主动性和积极性,以更大的热情投入到接下来的学习中。体育艺术类课程教学通过课内的启发让学生把思考的兴趣延伸至课外,无形中帮助其培养创造性思维。

(四)发挥想象力,促进创造

一切创造都伴随着想象。在体育艺术类课程"五星级"教学模式中应充分发挥学生想象的能力,以培养学生的创造能力。增扩接续想象就是利用学生学过的知识、技巧和技能,要求学生对有关内容进行合理的补充、扩展和接续。其好处是学生有一定的材料依据,既可在此基础上展开充分的想象,又比较容易把握想象的主题和线索,是学生走向完全独立的创造想象的过渡形式。例如,在体操技巧教学过程中,教师让学生反复练习前滚翻、后滚翻、交叉转体、纵劈叉、燕子平衡等动作,让学生产生对体操的情感动力,然后让学生展开想象,把这些动作串联起来,创造出其他串联动作,由此培养学生的增广接续想象能力。

(五)创意设计,举一反三

体育艺术类课程教学的目的是提高学生身心素质,培养学生运用体育知识、技巧与技能的能力以及提高学生鉴赏、审美的能力。例如,在体育舞蹈动作技巧复习课中,教师可以采用让学生自编组合动作练习的方法,以改变学生按照教师编定的组合方式或按教材规定的组合方式进行练习的状况。学生创造性地把所学的单个技巧动作,经过反复设计串联,编排出多种新颖而巧妙的组合动作练习。再如,在武术教学中,教师让学生根据武术的基本动作,自己创编一套武术套路,或者让学生自主编排教学设计方案,等等。这样的训练,同时运用知识和能力,将动作、思维融合起来,既是技巧、技能的训练,又是想象力和创造力的训练。

二、改进体育艺术类课程教学方法和教学评估体系

创新能力的培养是教育教学的重要目标之一,随着素质教育的不断深化,其社会的重要性越来越凸显出来。创新教育以发现人的创造潜能、弘扬人的主体精神、促进人的个性潜能的发展为宗旨,着重创设一个有利于发展学生创造能力的环境。学生创造能力的培养,离不开形式多样、切合实际和符合学习规律的课堂教学。因此,课堂教学是贯彻落实创新能力培养的主渠道。体育艺术类课程教学担负着培养学生创新意识和能力的任务。体育艺术类课程教学具有自身的鲜明特性,为学生提供了独有的、开阔的学习和活动环境,以及更多的观察、思维、操作、实践的机会,在提高学生的创新能力方面,具有其他学科所无法比拟的优势。因此,我们在体育艺术类课程教学中,不但要注重学生知识的积累和道德的养成,而且还要有意识地培养他们的创新精神和创新能力。

培养学生创新能力,除了学习专业知识,发展智力与能力外,最重要的是培养其创新精神。半个世纪以来的教育研究表明:一个人能否成才,并不完全取决于他们那优异的考试成绩和过人的智慧,很大程度上取决于他们的创新精神。因此,培养创新精神不仅是开发学生创造能力的重要手段,更是关系到一代人才在事业上成功与否的关键问题。体育艺术类课程教育在培养学生创新能力方面具有重要而独特的作用。

(一)改进教学方法是培养创新精神与创新能力的基本要素

在我国高校体育现行《体育教学大纲》中规定的体育教学任务是"发展个性,培养学生坚强的意志、勇敢顽强的精神和创造性",即在体育教师和学生共同参与下,采用一定的方法,鼓励学生积极主动学习体育和卫生保健知识,掌握运动技术、技能和锻炼方法,增强学生体质,培养良好的思想品德,有组织、有计划的教育过程。在这一过程中,体育教师不仅要重视学生体质、品质的培养,还要重视挖掘学生的智慧潜能,培养学生的创新能力,促进学生积极进取、自由探索的学习态度,形成探求创新的心理素质,以创新的精神学习知识、运用知识,在真正意义上做到德、智、体、美、劳全面发展,从而达到素质教育的要求。但是

传统体育教学模式侧重于对学生进行单纯知识、技能的传授,忽视了对学生品德、智力和心理的开发与发展,长期以来采用以运动技术结构为主线的"一讲解、二示范、三练习、四纠错、五巩固"的单一模式,这不仅限制了学生主动性和创造性的发挥,而且束缚了教学方法的进步与发展;在课程的结构方面,以准备、基本、结束三个部分作为教学的唯一结构,限制了教学结构和教学形式的多样化发展。为了改变这种状况,首先教师自身要转变思想教育观念,应选择有利于激发学生求知欲、触动学生好奇心、调动学习积极性和主动性的教学内容。因此,教学内容应力求构思新颖、趣味性强,既能充分能调动和激发学生学习积极性和主动性,又有利于培养和提高学生学习兴趣和信心;其次,运用科学合理和有趣味的教学方法,吸引学生注意力,让他们积极主动地学习,激发起他们对学习的表现欲望和创作的冲动。人们常说:兴趣是成功的一半。教学内容、教学形式、教学方法和手段应是丰富、生动、多样的。教师要精心选编内容,改变传统的教学内容、教学方法、教学模式的单一化状态,利用丰富多彩的现代化教学设施和技术条件,强化学习内容的启发性与趣味性,以适应新时代发展的要求。

在体育艺术类课程教学中,教师要选择有利于培养学生知识迁移和发散思维的内容。要看内容是否有利于学生综合素质良好的发展,课业的布置是否具有灵活性,给学生以充分发挥想象的空间。有意识地突破传统思维习惯和模式,促使学生从多方位、多维度考虑,以培养学生发散思维的能力,促进学生创造能力的发展。体育艺术类课程教学方法的改进既是各种教学方法的动态优化和组合过程,又是营造良好创新氛围的过程。新的教学方法体系既要体现师生之间互动方式的多变性,又要体现对学生学习方法的指导,教会学生学习与创新同时,也要营造一个有利于学生个性发展的轻松课堂氛围。

(二)建立符合创新要求的科学评估体系是培养学生创新精神与创新能力的有力保障

在大力倡导创新教育的今天,教学内容的设计、教学方法的实施以及教学结果的评价,都应该围绕着服务于学生创造力的培养这一重要目标来进行。教学评价应科学合理,以促进和提高学生学习的积极性。评价应使不同先天素质、不同智力水平和个性特点的学生通过体育活动都能得到发展,并让每一个学生都能充分感到体育活动所带来的成果,有利于学生树立起学习的自信心和自觉性;教师不要用成人的眼光来衡量学生,否则学生会失去参与体育活动的兴趣,失去创造中的自由意识。对于成绩考核的内容与结构可以由原来侧重于技术达标和单纯的理论笔试,逐渐过渡为重视学生未来发展的基本素质和多种能力,特别是创造能力的培养与发展。诸如,教师组织学生自己编排并表演成套基本动作;在规定动作类型的基础上,自己选编成套技术动作进行考试;运用基本原理分析体育艺术类项目各类动作;学习过程中的提问、讨论发言、学习进步的幅度等,均可在考核中占有一定的比例。通过考核,能较好地体现学生灵活运用知识的想象能力和创造能力。

三、注重教学中创新能力、探究能力、应用能力的培养——以高校健身操为例

(一)在教学中培养学生独立创新能力

学生的独立能力是创造力的基础,学生的个体独特性、创造性都是建立在独立性的基础上,学生在学校的整个学习过程是一个日益独立的过程。以高校健身操教学为例为方便学生同时练习,可以以宿舍为单位,4～6人一组,在学会基本动作组合的基础上,在教到本学期的主要教学组合的3～4组动作时,让各小组编队形,也就是将前面所学的动作4～6人一组配合以合理的队形变化。有些能力较强的组可以在每个小组动作里编加动作,使原有的组合更长。这时教师对学生的编排要求不能太高。教师每教一个组新动作时就要求各组继续创编队形(加编动作),到第二个学期则要求每个小组里的每个人都能够独立地创编一段主要的技术动作,如将健身操创编中准备段落、跳跃段落、整理段落分配给各小组成员,然后集体将各段归总,不断地加以改进,以求整个组合更加完美,队形的变化更加合理。因此,在健身操教学中培养学生的创新能力可以采用以下方式:首先,让学生对健身操感兴趣并乐于独立思考老师在学习中提出的各种问题,增强学生的好奇心和求知欲,并自觉地融入其学习中;其次,给学生足够的独立思考空间,通过创设一系列健身操组合教学,并提出问题让学生通过观察、模拟、推断,学一学,试一试,并逐步解答问题;最后,鼓励学生敢于挑战困难、战胜自我,逐步养成独立思考的习惯。

(二)在教学中培养学生的探究能力

发现能力就是探究问题的能力,即在探究问题过程中发现新问题、新方法、

新知识。许多学生都有一种把自己看作发现者、研究者、探索者的需要,这种需要是问题形成和发展的基础以及问题的存在是思维的起点,没有问题的思维是肤浅的、被动的思维,具有强烈问题意识的思维体现了个体思维品质的主动性和深刻性。同时也可作为思维的动力,其促使人们去发现问题、解决问题,直至进行新的发现。因此,发现能力对开启学生的心智,培养学生的创造能力具有极其重要的意义,也是创造能力的核心。例如,在健身操跳跃等各类组合教学中,教师可以在学生掌握组合动作的基础上,引导他们从多方面积极创新。俗话说得好:"三个臭皮匠,顶一个诸葛亮"。学生可以在教师所教过的组合中从以下各方面把自己的想法融入组合中去,比如,在组合的节奏上,可以整组快跳,也可以整组慢跳;可以先快后慢,进而快慢结合、变向跳等。在韵律的选择上,根据能力,可以选择每分钟 22 拍至 26 拍之间的韵律变化;在队形上,更能够千变万化,可以是横排,也可以是斜排,或三角形、人字形、方形等等。在人数上,可以根据动作的设计需要选择更为合理的人数配对。在每组创编的过程中,教师应要求学生相互之间主动找出编排不足之处并及时加以改进。在组合的节奏、韵律、队形、人数等方面进行大胆合理变化,不断更新、超越,融入新的体验,创造出新组合,在期末考试时先考原有组合,再考创新组合,这样既维护了教材的完整性,又培养了学生的发现探究能力。

(三)在教学中培养学生的应用能力

知识就是力量,知识的力量在于知识的创造性应用,知识的创造性应用是一个人创新素质的集中体现。在高校健身操教学中,当学生已经掌握了规定教学组合,接下来就是如何应用的问题,如教师给定一首新音乐,让学生按要求创编一个与音乐相符的新组合,要求如下:①人数(6~8)人,自定主题;②规定包含 7 类动作;③服装;学生通过练习实践,根据平时的积累,对所学动作进行加工,重新组织编排。在组合雏形出来后,让学生将自己编好的动作组合展示或教给同组或全班其他同学,其目的是让学生自己能够生动地、深刻地体验成功。在学生体验成功的同时,教师还应循序渐进地给予"阻挠",增加难度,让学生体验"挫折"。否则,久而久之,学生就会觉得编排容易、单调,从而失去对健身操的练习和编排的兴趣。这样反复创造性地加工、重组与发挥,使原有的知识更加扎实,既培养了学生的应用能力,也提高了学生的创造能力。在教学中培养学生的实践能力具有重要的现实意义。创建和谐社会,应该提倡健康第一的思想,其中首选是健美操。锻炼方式有很多,但都会因为各种各样的原因难以得到坚持,因而许多的锻炼方法被淘汰掉,而健美操是一项有氧练习,从身体的各项机能来说都易于接受并受益很大。其客观条件不受限制,只要有一小块地方和一台录音机就行。既可独立完成,也可集体完成,锻炼效果又好,既能锻炼身体机能,保持良好的体态,又能陶冶情操。学生掌握创编操的能力后,在将来的工作生活中也可以通过这一手段去与他人沟通、交流,再现健美操的活力。

四、在教学中培养大学生创造能力的策略实施——以健美操教学为例

(一)从基础入手培养学生创造能力

1.培养学生的审美能力

健美操是以健身为基础,把形体美、姿态美、动作美、精神美有机地结合起来,使之成为既注意外在美的训练,又注重内在美的培养的运动。通过观看健美操竞赛的录像以及教师最直观的示范,给学生以生动的感性认识,强烈激发学生学习健美操的热情。另外,教师对健美操的起源、发展及健身价值的讲解,使学生从多角度、全方面地认识、欣赏、了解健美操的健、力、美,从而培养学生的审美能力。

2.音乐是健美操的灵魂

良好的乐感是完成健美操运动不可缺少的前提条件。因此,教师应帮助学生理解音乐的内涵,培养学生的乐感,使动作的外部表现更丰富,更具感染力。另外,通过动作的外部表现和良好肌肉感觉的有机结合、健美操的节拍与欢快音乐的有机结合、健与美的有机结合,提高学生的审美能力。

(二)从实践入手培养学生的创造能力

学生是教学的主体,是课堂学习的主体。在教与学的活动中,让学生参与教学的全过程,使其学到的知识有自我检阅的空间,这不仅提高了学生学习的兴趣,还活跃了课堂气氛,更使理论教学与实践有机结合。

1.学生编带热身操

学生的组织能力、语言表达能力、创造思维能力,都能在编带热身操的实践中得以实现。由于教学内容的安排不同,导致参与人数和教学效果也不同。据

调查,我校教师在教学的步骤上先是指定健美操运动骨干成员进行带操,当学生对台上的带操员产生羡慕感后,再让学生自愿报名参加带操。但仍有一部分人很难克服心理障碍。经过教师耐心、细致的思想教育和动作辅导,最终也使得这部分同学走到台上。健美操教学中的实践活动不仅提高了学生的素质,而且提高了学生的适应力和表现力。

2. 创编健美操套路

随着健美操运动的迅速发展,套路和理念不断更新,迫使健美操教学中必须把培养学生创编能力作为重点,只有这样才能跟上时代发展的步伐。而创编能力的培养并不是一朝一夕的事,教师必须采取切实可行的措施,给学生创造机会让其创编能力得以提升。

(1)集体编操

集体编操是将一个班按 4～6 人一组进行分组,并指定组长负责。首先选择音乐,确定音乐之后,再根据音乐的旋律确定操的风格。集体编操一般与套路学习同时进行,教师教授的套路作为示范操,让学生进行模仿和参考,从而引导和启发学生的创作思路。教师布置课后作业,待下次上课时,各小组在组内展示自己创编的动作,本组同学检查每个人的编操情况,并辅助组长把每人编操情况进行汇总,择优录用统编成操。之后,由组长带领组员进行练习,在反复练习的过程中进一步修改和完善动作,使动作衔接流畅,风格更贴近音乐,套路组合更加完美。

(2)独立编操

健美操专项课教学的最终目的是让学生掌握健美操这一运动技能,最终达到会欣赏健美操、创编健美操、能独立表演健美操。经历了带操和集体编操的过程之后,学生的创造思维能力得到了明显提高,基本上能独立地进行思维活动和创编实践。另外,教师还应根据学生个体之间的差异,进行有效的引导,使健美操技术的运用更加规范。

(3)表演和比赛

表演和比赛不仅能激发学生创作的热情,还能展示其自我创造能力和才华。例如,健美操学生编操展示会、班级小组表演对抗赛、健美操精英表演等均由学生来设计比赛及表演方案。这不仅提高了学生的创作能力和表现能力,还使学生的健美操水平发生了质的飞跃,思路更敏捷,技术运用更灵活,更具时代气息。

(三)健美操教学中形象思维能力的培养策略

在健美操教学过程中,教师要注重学生形象思维能力的培养。在体育教学改革过程中,培养学生创造力是改革的重要目标,教师应具有创造性工作能力,培养学生创新能力。

1. 健美操教学中对捕捉形象信息能力的培养

信息是数据转化的形式,是可以传递的。形象信息是一种客观事物形象的信息,具有信息的特点,对人的感觉器官有一定的影响。健美操是一项体育艺术类运动,在整套动作完成过程中要有音乐伴奏,具有一定的观赏性和表演性,其直观的动作就是形象信息的本身。在音乐伴奏下,描述动作过程的文字、图示都是形象信息的一种表达,这些形象信息是健美操整个动作编排的思维基础。作为体育艺术类课程教师,形象信息存储是很重要的,不仅要有健美操的整套动作,更要有一定的创意。在日常教学过程中,教师要培养学生观看表演、电视、录像的习惯,收集一些相关资料,要学生把点滴与健美操相关信息积累起来,在大脑中利用专业知识把这些信息创造成一套健美操。在健美操教学过程中,捕捉形象信息能力是很重要的,这一能力是健美操的基础,整套动作都是形象信息能力的表现。在日常生活中,要注重捕捉形象信息能力的培养,通过一定能力锻炼把其升华,进一步提高健美操创编的能力。

2. 健美操教学中对形象储存能力的培养

(1)基本动作反复练习运用

主动的形象感受对于认识主体来说总带着明确的动机、目的和比较强烈的感情和欲望。因此,它可以使我们感受深刻、印象清晰。信息与知识在人的大脑中都有记忆到遗忘的过程。有计划地对基本动作在时间上和空间上加强练习,对于信息的积累和知识的储备都有一定的益处,反复整理、加工与更新更趋向于合理化。比如,在健美操教学过程中,教师要求学生每个动作都要反复观看、反复练习,这有助于学生对不同动作的认识和新动作的学习都有一定的帮助,对形象存储能力的培养有一定的提高。

(2)加强形象储存的概括能力

体育艺术类课程教师在健美操教学过程中,对形象信息要有一定的概括能力,即把复杂的信息简单化,突出重点。在实际教学过程中,重点突出动作的规范性,要有重点地对动作进行存储;在实际编排过程中,要记住一些有特点、有代表性、有一定价值的动作。对形象存储的概括,有助于学生进行一些创造性工作,提高健美操的新意与学生的创造能力。

(3)提高形象储存的整合能力

整合能力是能力中的核心能力,在健美操教学过程中,教师要注重培养学生的整合能力,即要求把整套健美操的动作、文字、背景音乐等协调起来,这是一种综合能力的运用。综合能力的培养是一个长期过程,并且是一项有难度的工作,因此教师要注重这方面的引导,努力培养学生对健美操的整合能力。

3. 健美操教学中对形象创造能力的培养

(1)把握好形象创造过程中的继承性和开拓性

教师在健美操教学过程中,可推荐一些好的健美操动作及编排给学生,用于借鉴他人好的经验与动作形式,但绝对不能全盘吸收,否则这样的健美操没有新意,没有创造力的健美操是没有市场的。在借鉴他人成功经验的同时,自己必须有创新,编排出有新意、有特色、具有时代感的健美操。在实际教学过程中,教师给学生一些题目和资料,让学生分组进行整理和编排,最后评选出哪个组更有新意、有创造性、有应用价值,这样既能提高学生学习的积极性,也能提高学生创造力。

(2)在形象创造中具备审美能力

健美操作为体育艺术类项目,其在形象创造中要具备审美能力。健美操要有表演性和观赏性,因此,教师要在体操舞蹈、音乐、美术等方面对学生循序渐进并有针对性地加以培养,指导学生,努力提高学生各种文化修养和专业素质,使其逐步具备良好的专业审美能力。

(3)充分地进行想象运动

健美操在编排过程中,教师与学生都应具有一定的想象力,想象运动是形象创造的主要形式(在大脑中加工和记忆改造的过程)。教学中,教师应使学生明白,动作的编排不是简单地抄袭他人动作(消极想象),而对日常积累的大量动作素材根据所编操的特点进行加工、集中、组合(积极想象)。

总之,健美操教学过程中,要培养学生的整合能力。综合能力主要培养学生的形象创造、形象描述以及形象识别能力。

第四章 体育艺术类课程"五星级"教学模式对大学生就业能力培养研究

第一节 大学生就业能力培养基本概述

一、大学生就业能力的概念

(一)大学生就业

个体进入特定的年龄阶段之后,需要通过合法的渠道参与社会劳动,借助自己的劳动能力和一定的生产资料为社会创造价值和财富,以获取经济收入的活动,这就是就业。① 从这个角度出发可以认为,就业必须具备的基本条件应该有三个:一是参与社会劳动;二是受到社会承认,从事对社会有用的合法活动;三是可以获取一定的经济收入。上述三个基本条件是普通劳动者就业所必须具备的,但与大学生就业的实际情况还有一定的区别。大学生是一个特殊的就业群体,不同于普通劳动者,因为大学生往往通过签订就业协议书的方式与用人单位达成协议,这种协议一般是在毕业之前签订的,用人单位在预估了大学生的就业能力后,为大学生提供了工作机会,但并没有产生实际的就业。

我国大学生就业表示的是大学生运用自己所学习的知识和自己掌握的技能在社会中获得工作机会的过程,不是真实就业的过程。各用人单位均是在大学生进入应届毕业期开展校园招聘活动。目前我国的教育部门、就业部门以及高校所公认的大学生就业期是从大学最后一个学年的9月开始,到下一年的12月底,也就是毕业半年后结束。麦克思公司作为一家第三方评价机构,在进行就业数据的整理归纳时,也遵循了这个时间惯例。

---

① 陈晓强,张彦. 劳动与就业[M]. 北京:社会科学文献出版社,2002:5.

衡量大学生就业情况时,首先,从结果出发,先确定这个大学生有没有与雇主成功签约。其次,大学生就业是大学生和用人单位之间双向选择的过程,双方在选择过程中都会根据自定的标准进行评估和筛选。"就业"既是一个结果,也是一个相对短期的求职过程。在相当早的就业行为研究中,对选择内容的关注就已逐渐扩大到对选择过程的关注。

(二)大学生就业能力

就业能力是能力的从属概念,就业能力的本质是主客体相互作用的过程中外化出来的人格特质,无论基于哪个学科,从何种视角出发,各学科都达成共识,就业能力不是孤立存在的。就业能力结构是一种心理社会结构,它与人的社会生活有关,因此也包含了一定的个人特征。每个人在开展自身行为活动时,都会产生不同的心理现象和心理意识,并与其他社会成员产生交互,因此具备一定的互动性。由此可见,就业能力也是一种人格特征,与本体在获取工作、持续工作以及变更工作上的一系列活动息息相关。在国际劳工组织(ILO)的定义中,就业能力成为一个具有很强综合性的概念,不仅涉及对现有工作的保持能力,还涉及从工作中学习提升的能力与应变能力。[①]

从思想政治教育角度出发,展开大学生就业能力的研究,首先要确定就业能力的具体属性。能力属于心理特征的一种。所谓心理特征,是指个体表现出的稳定和恒常的一种心理特点。实践活动的目的是基于某种中介实现主客体相互作用,最终对客观世界进行改变。思想政治教育视角下的大学生就业能力的本质属性包含思想道德素养和品德本身,尽管这种能力要通过不同的方式和形式外化为就业行为,以此来体现出其真实道德品质。思想政治教育的开展,有利于培养大学生就业能力。对大学生积极品质的培养,需要在提供基本的专业技能及求职技能的过程中抓住大学生思想品德及人格取向的提升和塑造这个核心,最终促进大学生就业,把大学生培养成社会主义事业建设者和接班人。

大学生就业能力概念不同于劳动者的就业能力概念。国际劳工组织对就业能力进行了定义,即个体获得和保持工作、在工作中进步以及应对工作生活中出现的问题的能力。然而,大学生就业能力不适用于此定义,因为大学生就业发生在大四到毕业后的六个月,因此从思想政治教育层面出发,就业能力即大学生个体获得就业机会的能力。

---

① 王霆,曾湘泉. 高校毕业生结构性失业原因及对策研究[J]. 教育与经济,2009(1):1-4.

综上所述,大学生就业能力是一种综合能力,既包括个人的人力资本价值,又包括个人人力资本价值的转化能力,对大学生的生存和发展起到至关重要的作用。

二、大学生就业能力的特征

(一)系统性

一个人具有多种能力,能力的种类繁多,能力会随着时间的推移而发展,具有一定的动态性,并且多种能力之间相互协调,属于一个复杂体系系统。能力是在特定环境当中为实现一定目的的人的各种特质的一个集合,这种集合并非简单地将各个能力相加,而是统一的整体。大学生就业能力是与就业相关的多层次的能力群,这个概念本身就是一个整合性概念,是指与获得工作相关的复合能力。能力具有自身结构。此能力结构具体为能力构成的不同要素彼此间联系的一种方式。大学生就业能力是内部构成要素的有机整合,具有多级维度。各能力要素之间相互作用、相互协调,组合构成了一个完整的系统,是一种具有综合性的能力体系,它包括了大学生参加就业活动过程中自身具备的一系列能力要素以及不同能力间相互联系、相互配合,也就是其具有系统性。

(二)发展性

尽管大学生就业能力具有相对稳定的构成模式,但对于个体而言,就业能力不是先天具备的,需要通过培养和学习才能形成。就业能力不是固定不变的,而是可动态发展的。能力的体现和活动存在一定的联系。如果没有活动,能力就无法体现,也不会有所发展。能力具有动态发展的特性,会伴随活动过程而实时发生变化。例如,当社会结构因素和职业选择发生改变时,能力也会随之发生变化。就业能力经过外界环境的影响及主观上的努力,能够通过实践锻炼等各种途径得到进一步发展。

(三)差异性

大学生就业能力的本质是人格特质的总和,不同个体必然具有差异性。大学生就业能力的差异性主要体现在三方面:一是指性别、专业等不同条件的大学生之间表现出的不同水平;二是指同一大学生个体自身,某一方面的能力相比于其他方面能力比较突出,个体自身不同能力在量和质上存在差异,造成个体自身存在优势能力和弱势能力;三是指不同岗位对大学生个体能力的要求具有差异,不同岗位的选拔标准也不同。个体性因素和社会性因素是造成大学生就业能力差异的主要原因。个体性因素是指个人的天资禀赋和后天努力程度。社会性因素是指家庭资源、学校教育等。

三、大学生就业能力的构成要素

大学生就业能力是大学生个体在校期间通过学习和实践习得获得就业机会所应具备的专业就业能力、就业人格取向、社会应对能力和就业发展能力等外化出来的人格特质的总和。大学生就业能力不是单一能力,而是包含专业就业能力、就业人格取向、社会应对能力、就业发展能力四大类的能力群。其中,专业就业能力包括知识应用能力、学习能力、创新能力、逻辑分析能力;就业人格取向包括职业责任感、敬业、积极乐观的态度;社会应对能力包括语言表达能力、人际交往能力、团队合作能力、抗压能力;就业发展能力包括信息收集能力、自我展现能力、就业决策能力,具体见图 4-1。

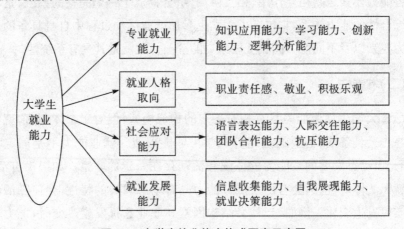

图 4-1 大学生就业能力构成要素示意图

(一)专业就业能力

专业就业能力是指大学生胜任某一岗位所应具备的一般性基础能力。大学生要想顺利地获得就业机会,就需要具备完成相应工作任务的能力。专业就业能力是大学生胜任岗位的基础条件,包括知识应用能力、学习能力、创新能力和逻辑分析能力。

1. 知识应用能力

英国研究管理能力的组织（MCI）将能力定义为有效的行为表现的才能，对能力有效划分为如下技能和知识两种，即能力＝知识＋技能。也可以将能力理解成经验、知识和判断力三种数据相乘。在能力构成要素中，知识属于基础储备；经验属于发展变化的行为习惯；判断力属于个体学习知识以及使用的一个标准。所以，能力并非仅为经验，还包括知识运用。知识应用能力是指应用理论知识解决工作中遇到的实际问题的能力，是专业就业能力的基础和核心，是知识的外化体现之一。在工作中，能力具体体现为在遇到工作问题时，能否联想到相关的理论知识，是否有很好的思路解决专业技术问题，最终运用所学知识解决实践中遇到的专业问题。

2. 学习能力

学习能力是指能够根据实际工作和个人职业发展的需要，确定学习目标和方案，综合运用多种学习媒介和方法，不断自我培养、自我提升的能力。[①] 学习能力具体表现为：能否自主学习与工作相关的知识，能否快速地掌握所需的新知识或新技术，能否接受新观念和变化，是否积极地向技术前辈请教工作相关的问题，能否利用多媒体学习。

3. 创新能力

创新能力是指在工作中运用创新思维，提出改进或革新的方案并勇于尝试，以推动事物不断发展的能力。创新能力具体表现为：能否在工作中发现新的问题，能否提出新的改进建议，能否识别他人不易察觉的机会，能否想出新点子、新创意，能否富有创造力。

4. 逻辑分析能力

"逻辑"是指人的思想、语言、行为等的内在规律性。逻辑分析能力是一种理性思维能力，通过"去粗取精、去伪存真、由此及彼、由表及里"的思维过程，通过判断、概括、推理等方法揭示事物本质，最终形成抽象概念的能力。逻辑分析能力主要包括联想、假设、判断、推理、演绎、归纳、发散、概括、类比等能力。逻辑分析能力具体表现为：能否在工作生活中总结出规律，理解、分析工作中遇到

---

① 劳动和社会保障部职业技能鉴定中心. 职业核心能力培训测评标准（试行）[M]. 北京：人民出版社，2007：3.

的各种问题,语言表达是否具有逻辑性。

(二)就业人格取向

取向指人们的态度倾向,是人们在社会实践中形成的比较稳定的认识、评价、态度、方法和心理倾向。就业人格取向是在就业行为选择中表现出来的相对稳定的价值取向,它反映出个体对现象进行判断、评价和取舍的内在标准。大学生就业人格取向通过就业行为体现并对行为起导向作用。就业人格取向既具有个体属性,又具有社会属性,凸显出大学生和社会交互作用的人格规律,体现出社会对大学生应具备的就业人格的期待和要求。就业人格是个人的行为习惯,但是就业倾向是社会对人的要求。

1. 职业责任感

职业责任感具体表现为:学生能否履行自己的工作职责,学生能否认为团队业绩的高低与他个人的努力有很大的关系,学生能否勇于承认工作中的错误并及时改正。

2. 敬业

敬业,既代表一种行为,也代表通过这种行为所表现出来的对待职业的看法、态度和信念。大学生作为高知青年是社会进步和发展的重要推动力量。青年大学生是否敬业,直接影响他们的工作状态和职场表现,直接关系到个人的职业前景、企业的竞争实力和社会的发展。在现实工作中,敬业体现为大学生是否全身心地投入到自己的工作中,做事情是否总是认真细致、一丝不苟,是否愿意付出更多的努力来完成任务,精益求精。

3. 积极乐观

积极品质和积极发展结果呈现出正相关。大学生的积极品质与发展结果具有密切的关联性,如果积极品质表现出越高的得分,则会得到越好的结果。积极乐观,相对于消极悲观,在工作和生活中通常表现为能发现负面事件的正面意义,对未来抱有积极的预期,对新事物和变化持开放态度,善于发现同事身上的优点,传播正能量,能充满激情地面对工作中的困难,不轻易放弃目标,正确认识挫折和挑战,愿意做出更多的努力去改善困境。

(三)社会应对能力

人是社会关系的总和。现实社会中的人,需要彼此形成一定社会关系,既分工又协作。大学生进入社会,必然具备社会应对能力。大学生就业能力中的社会应对能力是指个体分析、整合并运用资本因素以应对诸多外在影响的能力,是在就业过程中处理人与社会之间关系的能力。

1. 语言表达能力

语言表达能力是指在与人交往活动中,通过交谈讨论、当众讲演以及书面表达等方式来表达观点以及获取和分享信息资源的能力。语言表达能力具体表现为是否具有较好的语言文字功底;在与他人进行交流的过程中,能否准确并有条理地表达自身的观点、想法和意愿。

2. 人际交往能力

人际交往能力是指能够妥善处理与他人的人际关系的能力。人际交往能力具体表现为:能否快速与他人建立并保持良好的关系,能否主动沟通、协调解决人际矛盾。

3. 团队合作能力

团队合作能力是指在团队的工作环境中,通过与人交流的方式,根据工作的需要,协商确定合作目标,相互配合工作,不断改善合作关系以实现目标的能力。团队合作能力具体表现为:能否积极地完成团队分配的任务,并协助他人;是否善于与他人一起合作解决难题;是否关注所在团体的未来发展。

4. 抗压能力

抗压能力是指在执行高强度、高压力的工作任务时,或在遭遇失败、困难、挫折等逆境时的抗挫折能力和忍耐力。抗压能力具体表现为:在工作中能否承担高强度的工作任务,能否吃苦耐劳,能否经受住挫折与失败。

(四)就业发展能力

就业发展能力是指与大学生的求职择业和职业发展密切相关的能力。大学生就业能力的具体表现为大学生获得工作的能力,而能否获得工作需要考察大学生是否具备以下有三个必要条件:第一,是否具备胜任岗位的能力。第二,能否在招聘者面前展示出自身的能力素质,即求职表现。大学生在能够达到岗位胜任的标准的前提下,在求职过程中缺乏展现自我的能力,依然不会获得相应的工作机会。第三,大学生是否最终愿意在毕业后从事这份工作。因为依据大学生就业的特点,在纷繁复杂的就业机会中,如何收集到相关信息,并最终选择哪一个机会,是影响大学生就业结果的重要因素。在转换工作时,就业发展能力同样会影响大学生的职业生涯选择。

大学生就业是用人单位和大学生双向选择的过程,大学生求职的主动性和自主选择会直接影响就业的结果,因此,大学生就业能力中必然包含大学生职业规划和自主决策的能力。从获得就业机会的角度看,岗位胜任能力和就业决策能力共同影响就业结果。因此,就业发展能力中包括信息收集能力、自我展现能力和就业决策能力。

1. 信息收集能力

信息收集能力是指大学生运用计算机及网络通信等技术手段收集和分析信息资源的能力。信息收集能力具体表现为:大学生能否了解获取信息的方法和途径,是否善于有针对性地获取与工作相关的信息,能否对信息做出筛选和识别。

2. 自我展现能力

自我展现能力是指大学生在求职择业过程中或职场环境下充分展示自身的知识、能力、素质等优势,塑造和完善自我形象的能力。在大学生求职过程中,自我展示能力主要体现在制作简历和面试过程中,表现为:是否能够充分展示个人与目标岗位的匹配性;用人单位在考察大学毕业生过程中,通过了解其面试过程的具体表现以及最终结果来决定是否要录用。在职场环境下,自我展现能力主要表现为:是否善于争取或把握自我展现的机会,是否善于使用自媒体维护自己的职业形象,是否善于在工作中展现自己的优势以及是否有得体的职业着装和外在形象。

3. 就业决策能力

思想政治教育视角的决策,主要是为了达到预期目的,制订切合实际的解决方案,基于一定的评价标准和准则,在多种备选方案中,选择一个最优方案进行分析、判断并付诸实施的过程。就业决策能力是个人面对诸多就业选择时,收集信息并在对信息认知加工基础上权衡利弊以获取最大价值的能力,可以通过系统性教育培养来提升。就业决策具体表现为:能否理性地分析自身的优缺点及核心竞争力,能否合理地规划自己的中、短期职业目标,能否明确自身的发展路径和上升通道。

第二节 体育艺术类课程对大学生就业能力培养价值研究

一、体育艺术类课程教学对培养大学生就业能力的重要性

(一)体育艺术类课程教学对培养大学生就业能力的优势

体育艺术类课程教学在培养大学生的综合能力方面具备得天独厚的优势,其具有实践性、集群性和互动性特征。它以促进大学生身心发展、增强体质和培养学生自我锻炼的能力为课程教学目标,同时注重学生综合素质的培养。大学生综合素质的提高是促进大学生就业能力的关键。所以开展体育艺术类课程教学,对大学生就业能力的提升起到重要的作用。它不仅可以帮助大学生增强体质、保持健康状态、提高学生的体能,而且可以培养大学生适应社会的能力和创新能力、发展大学生的个性、培养竞争意识和进取精神等。所以,体育艺术类课程教学应该以大学生就业为教学导向,通过体育运动的开展有意识地培养大学生的社会适应能力、自律能力、表达沟通能力和团队合作能力等,从而为大学生今后的就业打下坚实的基础。

(二)高校教育要求体育艺术类课程教学培养大学生就业能力

随着高校逐年扩招,培养应用型人才的教育目的越来越为人们所重视。体育艺术类课程教学应该以培养大学生就业能力为目标。体育艺术类课程教学非常注重"知识+技能"的教学方式,强调知识可以在课堂教学中获得,但技能必须通过具体实际操作强化。体育艺术类课程在教学过程中侧重对学生就业能力的培养,这也是高校教育本身的要求。

(三)严峻的就业形势要求大学生掌握就业能力

21世纪是一个信息技术飞速发展的时代,严峻的就业形势要求当今的大学生必须是具备多方面能力的综合型人才。许多用人单位除了强调大学生的知识和技能之外,还侧重于大学生是否具有健全的体魄、吃苦耐劳的精神、准时守纪的意识及团队合作精神等。而诸如此类的优秀品质,在体育艺术类课程教学

中都可以得到一定程度的培养。

二、体育艺术类课程对大学生就业能力培养的推动价值

体育艺术类课程教学是高校基础教育和综合素质教育的重要组成部分,能有效帮助大学生培养强健的体魄、健康的心理、良好的团队合作意识和有效的交流沟通手段,这些都对大学生就业能力培养起着十分关键的作用。高校体育艺术类课程教育对大学生就业能力培养的推动作用主要体现在以下几个方面。

(一)提高身体素质

良好的身体素质和身体健康状态是保证工作效率、提高社会活动状态的基础和前提。在校学习和求职就业都是需要消耗大量体力、精力的长期过程,如果没有健康的身体状况做支撑,大学生的学习效果、求职过程和求职结果必然受到不良影响。身体健康将直接影响人体的心理健康和精神面貌,进而影响人的整体状态。如果缺乏良好的精神面貌和整体状态,大学毕业生在求职过程中就无法受到招聘单位和招聘人员的青睐,从而导致求职效果不理想。高校体育教育工作就是通过各种形式的教学课程、体育活动、体育比赛等,使学生充分锻炼自己的体魄、提高身体素质、加强身体机能,为紧张的学习和未来的求职打下坚实的基础。

(二)促进心理健康

相关研究表明,在有氧运动过程中,人体的脑垂体腺会分泌大量的内啡肽,它是一种能有效缓解人体紧张情绪和不良心理,并使人产生愉悦感受的激素类物质。长期的、有规律的有氧运动能使人体持地续释放内啡肽,从而使运动者长期保持良好心态,这一习惯的保持能帮助运动者建立强大的自信心和长久的满足感、幸福感,提高运动者在面对困难、挫折时的抗打击能力和复原能力。体育锻炼对大学生树立人生观和良好的社会心态也有着十分积极的作用,具有陶冶情操、发展情商的正面意义。据调查显示,长期从事体育锻炼的大学生相较于不常锻炼的学生,具有良好的生活习惯和行为举止,世界观、人生观和价值观更为积极、向上,心态更加从容、自信,这些优良品质对大学生的求职、就业起着十分关键的作用。同时,体育活动所独具的艰苦性和竞争性在培养大学生坚强人格和坚毅品质方面也有非常重要的意义。体育训练和体育活动往往需要消

耗大量的体力,并要求坚持不懈、勇往直前。长期坚持不懈的体育锻炼能促进大学生形成坚强的意志品质。激烈的体育比赛有助于大学生培养奋勇拼搏、不断向前的精神,树立必胜的信念。在参与体育比赛的过程中,大学生无法避免地要面对挫折和失败的考验,这对大学生来说,是一种十分宝贵的精神财富,只有在经历挫折和失败之后,才能真正地提高心理韧性和抗打击能力,并从中总结经验和教训,学会如何从失败中重新崛起、重新出发。

(三)培养社会技能

在高校体育教育教学实践中,体育课程和体育活动通常以团体形式开展,学生在体育训练和体育比赛中加强了生生之间、师生之间的情感联系,建立团结协作的关系通过训练方式、技术要求、战术协作等方面的沟通和交流,参与成员之间的联系纽带越来越紧密,学生的团队精神、合作意识、沟通技能和交际技能都得到有效提高,而良好的沟通技巧和社交技能对大学生求职有着十分重要的帮助作用。同时,在体育活动的参与、组织过程中,学生通过手脑结合的方式锻炼各种生活技能、社会技能和创新技能,为毕业后的求职和就业做好充分准备。

三、体育艺术类课程促进大学生就业能力提升构成要素——以武术教学为例

(一)专业知识和技能的提高

对于武术专项的学生,要求其具有较高的专业技能。专业知识是扎根之本,用人单位对于专业知识能力非常重视。学校教授的专业知识课程、对就业能力的支撑程度、专业技术水平的高低、在校期间获得的资格证书是影响专业知识能力重要的因素。而在如今的知识经济时代,各种知识快速发展,武术专项的学生对专业层面的知识不应局限于毕业需求,而应系统地学习专业知识,严于律己,提高自身专业技术水平,考取相关证书,尽可能武装自己,全面提高专业知识和技能,这是就业能力提升必需的条件。

(二)由被动接受者向主动学习者转变

21世纪的大学生应该是学习的主动者,新知识的日新月异对就业者提出了更高的素质要求。不断学习是成功的基础,社会发展不仅仅需要单一技能人

才。用人单位最看重的是大学毕业不断学习的心态。武术项目的趣味性和实践性以及其深厚的历史文化底蕴,也要求学生在校期间应当转变学习心态,主动学习新知识,积极参加社团活动。社团是大学生走出校门之前的综合练兵场,有助于提高学生的学习能力、适应能力、人际沟通能力、应变能力。

(三)积极参与实习实践

有过实习经历的武术专项学生的就业能力显著高于没有实习经历的学生。可见,大学生实习实践对提高就业能力影响较大。如今很多高校都为学生提供了各种实习平台,武术专项的学生自身应密切关注实习平台,知晓本专业的前沿动态以及社会对体育人才的期望,不遗余力地利用业余时间学习和积累经验,将在校期间所学的专业理论知识与实践相结合,提高自身素质和能力,了解现代社会人才观,为就业树立正确的航标。

(四)树立个性化的职业发展观

个体获得成就感源于自身的价值观、兴趣、能力和组织的文化、目标相符合。武术专项的学生在个体的发展过程中,既要发挥自身的专业优势,又要依据自己的性格和特点寻找适合的发展路径。职业选择的三大原则:一要自我认知明确,清楚自身优势、兴趣、价值观和志向;二要职业认知明确,了解相关职业所需专业知识、技能、工作内容及发展路径;三要明确自身能力与职业的匹配度。[1] 武术专项的学生在校期间可通过参加校园活动、社会实习了解和认识自己,结合自身能力选择合适的岗位,防止好高骛远,树立符合自身发展的职业生涯规划。

第三节　以就业能力为导向的
体育艺术类专业人才培养研究

一、体育艺术类专业人才培养以就业为导向的必然性

(一)应用型人才培养目标的性质决定

近年来,随着我国大力发展体育事业,体育艺术类专业也随之发展。应用

---

① PARSONS F. Choosing a Vocation[J]. *Books on Demand*, 1909, 14(7):636-640.

型人才培养目标的确立和发展必定会引发体育教育的变革,带来体育人才培养模式的变化。这不仅符合我国体育发展的需要,而且符合体育人才多元化培养的需要。同时,这种变化趋势也对高校尤其是体育院校的人才培养定位与水平提出了更高的要求。

教育最终要回归社会,为社会服务。高校必须以学生的就业为人才培养导向,以提升学生就业能力与技能为教学中心,将培养学生就业竞争力视为人才培养的重点。以就业为导向的院校其办学特点具体表现在三方面:一要根据学生就业需求进行课程设置,二要根据学生就业需求开设相应项目,三要根据学生的就业需求开展教学。这是由应用型人才培养目标的性质决定,也是高校的责任所在。

(二)社会发展的需要

随着我国经济的不断发展,社会对体育人才的需求也更加趋于多元化。同时,随着体育事业和体育产业的发展,社会对多元化体育人才需求进一步增加。目前我国体育院校的人才培养远远不能满足社会需求,这也就形成了体育类毕业生的结构性失业,不仅造成了体育人才的浪费,而且加剧了人才的短缺。

为进一步适应社会需求,我国也开始对教育事业进行全面改革。从体育角度来说,大力发展体育教育并不仅是培养社会所需要的体育人才,更要真正做到满足社会的需求,体育院校还需以就业为导向,对现有教育进行改革与调整,只有这样才能真正满足经济发展以及社会对体育艺术类专业人才的需求。

二、体育艺术专业人才培养质量情况分析

从需求角度看,体育艺术专业人才培养质量情况分析可知:

(1)就业的专业对口度不高。反映人才培养供给与社会用人需求对接程度的一个关键指标就是学生就业的专业对口度。体育艺术类专业毕业生的主要就业岗位集中在教学人员、专业教师、公务员、考研等方向,大部分毕业生没有从事和自己专业相符的职业,就业的专业对口度不高。

(2)就业满意度不高。在高校体育艺术类毕业生就业质量的调查中发现,只有大约25%的毕业生对自己目前的工作比较满意,其余的毕业生对自己目前的工作感觉一般甚至不满意。

(3)就业的职业稳定性较差。由于就业满意度不高,部分毕业生经常变换

工作,对自己的工作不尽心,不愿长期发展,对自己的职业规划比较迷茫。因此,从社会需求来看,体育艺术类毕业生的社会就业质量整体偏低,从供给深刻反思体育艺术类专业人才培养的改革势在必行。

从供给角度分析影响体育艺术类人才培养的重要因素包括:

(1)高校对社会人才需求的要求及变化难以把握。目前,社会对高校毕业生中的应用型人才比较青睐,而应用型人才培养最重要的就是社会实践。提高毕业生的应用能力、实践能力,让其更好地适应岗位需求,增强毕业生对社会需求的"敏感性",以社会需求为导向培养高素质人才,是人才培养方面的重中之重。

(2)人才培养目标有待优化。通过调查发现,各高校人才培养方案中的培养目标大都设定为以表演、教学、编导等为主的应用型艺术人才。此目标过于笼统,虽然包括了体育艺术类专业人才所必备的各项素质,但是在个性化培养和创新实践方面仍有所欠缺,社会需求方面体现不够。

(3)课程设置需要迎合社会需求。调查发现,当前的课程内容过于侧重专业知识,能够激发学生创作与编导能力的拓展性课程比较缺乏。因此,课程设置应该给学生的自主创作和拓展实践提供更丰富的平台。

(4)教师队伍有待充实。目前,高校在体育艺术专业师资的配备中,属于满足刚需阶段。高校要不断加强教师队伍建设,让更多年轻和有活力的青年教师加入教师队伍,同时加强教师队伍的教学经验交流和科研能力的培养,为广大体育艺术类教师提供培训、比赛、国际交流等更广阔的平台。

三、以就业能力为导向的体育艺术类专业人才培养方式——学以致用

体育艺术类专业的人才培养定位,其实质就是培养什么样的人才,根据体育院校和体育行业的特点,人才培养定位应为:以就业为导向的体育职业实用型人才。实用型人才包括体育教育、社会体育、体育产业等方面的人才。所谓"学以致用"型体育人才培养指的是将用人单位对体育艺术类人才的需求作为教学依据,将提高学生的体育职业能力为人才培养的主要目标,以体育院校为基础,由学用双方共同开展体育艺术类教学的一种人才培养方式。其中,"学"指体育艺术类课程教育,"用"指用人单位(包含体育企业以及体育单位、其他体育学校、地方体育部门等)。"学以致用"的人才培养方式,其根本是促使学生以用促学、以学达用。高校应结合用人单位对体育艺术类专业人才的需求进行

"量体裁衣",真正实现学校教育与就业岗位的有效对接。"学以致用"的人才培养方式的实施,具体包括以下几方面。

(一)强化与用人单位的合作

体育艺术类专业人才培养要主动贴近市场需求,以获取最大的教育价值以及社会效益。根据利益相关者理论,高校与用人单位之间建立合作关系,是高校与用人单位之间在可预料利益的驱动下而产生的一种合作行为。在合作教学中,用人单位为高校提供人力、物力,高校为用人单位提供有针对性的人才培训,让用人单位获得优质人才。所以,高校应当寻求二者的平衡点,在寻找到学校与用人单位双赢的中间点后,高校要积极争取体育以及教育部门的支持,同时深入挖掘高校自身的教育资源与用人单位合作。例如:体育院校的教练专业可同地方运动队伍以及体育俱乐部合作;健美操专业可同健身俱乐部合作。

当然,为了保证人才培养的"学以致用",高校在与用人单位合作过程中要注意两点:一是用人单位要对院校的人才有着较为稳定的需求,只有需求稳定,才能保证体育艺术类人才培养"学以致用"的连续。二是用人单位要明确工作岗位职能,"学以致用"是通过与用人单位岗位结合而进行培养的,否则高校体育艺术类专业人才培养将无法做到与岗位契合。

(二)以就业为导向进行专业调整与改革

高校专业是根据产业与分工的不同进行设置的,这也是人才培养模式的要素,它既是对专业的划分,也是对就业方向的确定。所以如何通过与用人单位合作来调整与改革专业设置是体育院校的重要任务。具体来说,体育院校在专业设置上应注重以下几方面的问题。

1. 争取全方位合作,成立专业设置指导委员会

体育院校想要改革专业设置,适应社会的需求,就需要与用人单位进行密切的合作,掌握专业相关的生产及服务动态,只有这样体育院校的专业调整以及改革才能取得应有成效。体育院校在专业设置前,应当成立相应的专业设置委员会,委员会应当由体育运动专家以及优秀毕业生代表组成,通过对体育项目进行短期就业环境以及长期就业环境分析的方式,进一步促使人才培养满足体育行业的需要。学校在专业设置过程中可以采取以下办法:

(1)对社会进行大量实际调研,从而掌握体育行业相关职业需求。

（2）邀请不同体育项目的专家成立专业设置委员会，通过委员会对专业设置的可行性进行充分讨论。

（3）在专业人才的培养过程中对人才培养经验进行总结，进而不断对专业名称以及人才培养方向进行相应调整。例如，安徽体育学院已经从初期的三个专业发展到现在的七大专业，在全国体育职业院校中位居前列，并且学院每年都有用人单位进行新专业的申报。

2. 专业要根据市场需要进行设置

体育院校在专业设置中，首先要考虑体育人才的市场需求，以市场需求为专业设置的立足点，对市场以及社会的需求进行科学审视，经过专业设置委员会的调研、论证后有的放矢地调整既有专业、添置新专业。专业设置要符合市场需求主要包含以下几方面：

一是在专业设置的数量上要与社会的需求相适应。我国幅员辽阔，不同地区的体育活动有着不同的项目侧重，如南方球类活动相对发达，而北方冰雪项目则较为强势。这也就形成了对体育人才需求的差异，如果无视市场需求而盲目地进行专业调整，极易造成人力、物力的浪费。

二是专业设置的质量上要与社会的需求相适应。体育院校在专业设置过程中，要充分考虑该专业在本区域内是否有可行性，即在专业设置的软件以及硬件上看其可能性。

三是专业设置的类别要与社会的需求相适应。自我国成功举办奥运会之后，我国各地都兴起了全民体育的潮流，体育相关产业也随着这股潮流兴起，这也意味着体育相关职业的需求越来越旺盛。除了传统的体育教师、体育教练和裁判员等，体育经纪人、体育旅游策划以及体育健康咨询师等职业将不断增多，而从事体育职业的人势必会随之不断增加。因此，体育院校需要在专业设置中要与用人单位进一步合作。

3. 专业设置要具有一定超前性

通常情况下，教育对社会的需求有着一定的滞后性，要满足社会以及市场对体育人才的需求，体育院校需要具备一定超前发展的能力。这种超前发展的能力集中表现在专业设置中，也就是专业设置具有一定的预测性。体育院校在专业规划中，不仅应将用人单位的职业需求作为专业设置的理论依据，还应对未来体育的变化趋势进行科学的分析，精准地预测未来一定时期内体育人才的需求，从而开设一些具有超前性的体育专业。对未来可能被淘汰的专业要及时停办,这样不仅避免了出现毕业生就业难的现象,还可以进一步节省成本。

(三)以就业为导向的教学改革

人才培养模式的改革不可避免地涉及教学模式改革。体育院校的教学改革必须以就业作为导向,依据地区特点和体育行业的个性化需求进行规划,以实现体育技能同职业岗位需求之间的契合。以就业为导向的体育院校教学改革过程,是一个较为开放、灵活的过程,其中理论教学不再是单纯地灌输体育概念与结论,同样实践教学也不再只是单纯的教师示范、学生模仿的过程,而是注重对学生进行学习方法、学习技能等方面的培养。另外,教学更加注重实践环节。以就业为导向的体育院校教学改革应当要求学生走出学校,真正到体育第一线进行实训。除了要具备普通高校的办学条件外,还应当有针对性地创建实训基地。而在实训环节中,体育院校要尽量与用人单位合作,进而完善实践教学。

(四)以就业为导向设计课程体系

课程体系是人才培养的方案。从广义角度来看,课程设置是体育院校根据一定的教学目的而制订的一系列教学活动。从狭义角度来看,课程设置是根据教学目标而编制的教学内容。体育院校需要根据用人单位对体育专业人才的实际需求开发课程内容,将用人单位的具体要求作为人才培养的标准,最大限度地实现了人才培养的针对性、实用性。体育院校的课程设置,行业基础课应涵盖每个学生进行专业课学习所必须掌握的基础专业知识。在为学生学好专业课打下基础的同时,也为学生步入社会打下了坚实基础,突出以实践性教学为中心,内在联系较为紧密,加强学科的应用性,突出实用性教学的特点。

第四节 体育艺术类课程"五星级"教学模式对大学生就业能力培养策略研究

一、从社会需求出发培养体育艺术类大学生就业能力

(一)科学合理地进行人才类型划分

教育改革的深入开展使得体育院校的体育艺术类专业的教学体系不断完

善,而体育院校整体的专业招生规模和招生数量并没有出现减缓的现象。这也意味着,体育院校的体育艺术类专业人才培养将会步入全新的多元化和高速化的发展阶段。在此情况下,为了确保专业培养的人才能够更好地适应社会的需求和岗位的要求,体育院校必须全面地培养学生的实践能力、专业能力和职场能力,这样才能使体育艺术类专业学生的综合素养得到全面的提升。另外,体育院校教师必须树立全新的以学生为主体、以就业为导向的教学理念,有针对性地提升学生的健身指导技能和理论、体育艺术类项目服务能力。此外,教师必须全面加强体育院校的体育艺术类专业博、新、专人才的深入培养。

第一,教师通过科学扎实的基础化教学,在全面提升学生的基础文化水平、自主学习水的同时,使学生的理论研究能力、实践创新的能力都能够得到显著提升。

第二,根据学生的就业倾向和社会对于学生人才的专业要求,有目的性地增加一些先进和前沿知识的教学,使学生的适应能力和知识素养都能够得到显著提升。

第三,教师必须通过科学的安排和合理的设置,提高学生的创新实践能力和社会体育思维,这样学生才能够在后续的学习和工作过程中及时地发表自己的意见看法,从而实现专业领域的精通和创新。相关的教师除了要全面加强教学的学术性和基础性之外,在原有的教学模式当中增加复合型人才的培养要求和内容,在使实际的体育艺术专业人才培养模式实现由精英化逐渐地转入社会化培养的同时,为学生的成功就业和长远就业提供良好的保障。

(二)加强人才培养,有效改革教学内容和课程

教师不仅要根据社会需求来制定教学目标,还必须结合学生的实际学习情况来对课程体系进行局部的调整。在全面引入全新的主次结合教学观念,有效地设置相关的选修课程和核心技术课程的同时,引入一些人文素质培养和德育教育的体育专业课程,使体育艺术类专业的课程更好地满足学生的实际学习需求。与传统的体育专业课程设置不同,体育艺术类专业课程本身的实效性、应用性、专业性相对较强。因此,教师不仅要全面加强对教学内容和课程的设置,还需要有目的性地将专业课程与实践教学和企业业务进行有机融合;不仅要大力加强社会体育专教学基础设施建设,还要通过校企合作等多种方式为学生打造专业的实践场地和实习基地。只有这样才能够通过有效的实践和学习,显著

提高学生的实践能力和专业素质。教师可以有效地引入全新的以人为本的体育艺术类专业人才培养体系,客观公正地对人才培养过程中的每个阶段进行评价和分析,既能够使整体的人才培养计划更加人性化、科学化,也能够及时有效地采取措施、方法,解决人才培养过程当中存在的各种问题。教师应根据社会对于体育艺术类专业人才技能方面的要求,在充分考虑每个学生的体育艺术专业能力和学习水平之后,科学合理地对技术人员知识教学和实践教学的比例进行调整。不仅要在体育艺术类专业教学课程当中增加一些能够激发学生兴趣和体育热情的学习内容,还要在专业教育的每个阶段有目的地开展学生就业指导,引导学生根据自己的实际情况制定较为合理的教学目标和职业生涯规划。

(三)全面引入学分制的专业教学模式

现阶段,大部分体育院校在进行体育艺术类专业人才培养的过程中,都是利用传统的不完整的学分制度来对学生的课程学习和实践情况进行评价。这就要求学生必须在规定的课时内获得相应的学分才能成功毕业,并获得相关的就业资格。这种学分制存在一定的缺陷,不仅影响了学生综合能力的全面发展,还限制了学生专业水平的全面提高。因此,教师必须在充分考虑原有的学分制使用情况的前提下,科学合理地引入全新学分制。教师需要根据体育艺术类专业当中的研究型课程、通识教育课程、应用型课程的不同特点和实际教育需求,系统化、科学化地对学生进行全面的设计。教师可以有效地将应用型人才培养重点转移到健身技能、表演技能、销售技能等方面的培养。这样能够使学生通过学习之后,具备从事社会体育指导、体育市场营销策划等工作的资格和能力。在进行通识教育课程的设置过程中,教师除了要全面加强学生的计算机实践能力、外语能力、政治思想意识、体育学科基础等方面的教学之外,还必须合理地增加与社会学、公共管理学、社会科学、自然科学等方面有关的基础知识课程的内容,这样才能确保学生的专业基础知识和社会适应能力能够得到全面的提升。在全面开展研究课程教学的过程当中,教师除了大力加强基础及理论知识的教学和讲解之外,还要引导学生自主自觉地进行创造性和研究性的实践活动与学习,利用各种有效的途径,全面提升学生的综合设计能力和创新能力。这样才能使学生在成功就业之后,根据社会的实际需求来进行相关的科研工作,并且使其能够高效地完成高层次的体育艺术类专业相关的管理工作。

二、强化高校体育艺术类运动队建设,提升大学生就业能力

(一)高校体育艺术类运动队建设对大学生就业能力具有引领作用

高校体育艺术类运动队建设倡导积极向上的体育精神,特别是"更快、更高、更强"的体育精神内涵是每个运动健儿追求体育运动的内心驱动力。它不仅能够激励运动员克服困难完成比赛,而且能够升华运动员内心的境界。这种在运动训练过程中所体现的精神品质与大学生倡导的就业能力相契合。其主要表现为以下三种精神品质:

第一,高校体育艺术类项目运动队体现出的奋斗精神是大学生就业能力的基础保障。大学生的就业能力无论是在个人定位还是职业理想发展方面,都需要脚踏实地、自强不息的拼搏精神,这对高校大学生在未来职业发展中战胜各种困难,具有重要的意义。

第二,高校体育艺术类项目运动队表现出来的积极向上精神是大学生就业能力的内心动力。高校运动队的建设需要积极向上的内驱力,体育艺术类项目运动的特点决定了其能使参与者身心愉快、健康快乐的特征,这对大学生营造积极向上、努力进取的工作氛围是极为重要的。

第三,高校体育艺术类项目运动队所具备的团结协作精神是大学生就业能力的综合体现。团体协作精神是体育特有的精神,也是集体运动项目的重要体现,甚至是决定比赛成败的关键。对于大学生就业能力来讲,团队协作精神是职业发展过程中的根本,当前社会形势决定职业发展必须具备良好的团队意识和合作能力,特别是在工作岗位中所表现出的适应工作环境、融入团队的能力极为重要。

(二)高校体育艺术类运动队建设对新时代大学生就业观有促进作用

从个人情况分析来看,当前大学生就业难主要体现在诚信道德缺失、心情浮躁、焦虑以及职业技能匮乏等主观因素方面。运动队的建设发展不仅体现在身体素质和意志品质的提升,更体现在陶冶情操、开发智能、增添生活情趣以及发展人的心理素质等。这对解决当前大学生在就业中遇到的实际问题具有重要作用。

第一,运动队特有的精神品质能够促进学生德育的发展,解决大学生在诚

信道德方面缺失的问题。

第二,运动队最重要的特征是促进人的身心健康发展,提升学生在就业方面的心理品质。运动员在团队中既能获得成功的体验,也能享受在团队训练和比赛中的乐趣。能够正确看待成功和失败,这有助于大学生在就业方面存在的心理问题得到一定的解决。

第三,运动队建设所倡导的价值理念也有助于大学生在创新意识方面得到强化,特别是运动竞技能力特有的智力因素,需要运动员在训练和比赛过程中具备良好的心智,既需要稳定的技能发挥,也需要队员在训练场上针对对方战术及时调整,应变能力强。

三、在体育艺术类项目的运动训练中提升大学生就业能力

在运动训练中发展就业能力,是一个动态的、螺旋式上升的过程。纵观运动训练的整个周期,大学生就业能力大体可分为以下四个阶段。

(一)基础能力阶段

大学生经过小学、中学阶段的基础教育和刻苦锻炼,经过高考的检验,终于考上大学。由于受应试教育的影响,其社会主义核心价值观处在初始阶段,需要进一步地确立;基本不具备专业知识技能,缺乏社会能力,处理问题方式简单;就业应聘技能不熟悉、理性意识不强,心理素质缺乏,个人规划简单,缺乏兴趣爱好等个人特质逐步形成。此时,为适应新的、陌生的大学环境,一方面,大学生建立的正确认知和适切性意识相对比较薄弱,而焦虑程度却很高,所以很容易取代适应感。此时,正确认知和适切性意识的缺乏,建立新的适切性要求迫切。另一方面,此阶段大学生由于焦虑程度高,如果不能很快适应大学生活,容易产生焦虑过度,就业能力不稳定,在学习、训练或精神方面压力过大。所以,刚入大学时就业能力处于基础阶段非常不稳定,学校、学生家庭和学生本人都应充分重视这个适应时期,有充足的心理准备来适应大学的学习、训练和生活。学生在此阶段需要花费大量的精力来适应,所以就业能力发展速度较慢,自身组织内部各能力单元的基础差,相互之间的协调程度也有待提高,整个能力系统处于一个准备阶段。

(二)发展能力阶段

体育艺术类专业大学生逐渐适应大学生活后的整个阶段为就业能力的发

展阶段。在此阶段,就业能力水平较低,通过不断地适应复杂的外部环境,不断进行自主性的学习和训练,从而使就业能力达到创造性空间,呈螺旋式向上发展。但此时,外部环境的不确定性较高,对未来发展的趋势难以预测,虽然大学生就业能力得到了不断发展,但大学生就业能力水平仍不高,所以有针对性加强学习和训练,提高自身的技术技能,储备足够丰厚的运动训练理论知识,这是此阶段摆在体育艺术类专业大学生面前的最大难题。

(三)竞争能力阶段

体育艺术类专业大学生毕业时的阶段位就业能力竞争阶段。经过大学时期理论文化知识的积累、竞技水平的提高、能力训练及环境的适应,大学生就业能力达到较高的水平。这个阶段的特点是:就业能力提高速度快且变化少,已经基本具备满足用人单位要求的就业能力,对于何种工作适应自己的发展有了较稳定的认识,对自身发展的方向也有了较明确的目标,自主性能力不断提高,加之外部环境的不确定性较低,从而带动了整个阶段就业能力的快速发展。

(四)拓展能力阶段

大学生实现初次就业,意味着就业能力发展到适应新环境的工作能力和再次就业能力的阶段,称为拓展能力阶段。在此阶段,整个就业能力系统的基础已经十分雄厚,各子系统之间的关系协调一致,组织内部流程合理,具备了很强的环境适应能力。同时,所面临的外部环境的不确定发生了质的变化,不断适应新的工作环境,使就业能力也继续螺旋式上升发展。

四、发挥学生自主作用,多方面着手提升大学生就业能力

(一)树立正确的就业观念

1. 改变自己的就业观念

虽然体育艺术类专业毕业生的就业率比较高,但随着竞争压力越来越大,毕业生想找到一个合适的工作还是有难度的。通过对毕业生就业观念的调查,多为"一步到位有固定收入"这种片面的就业观念。毕业生应正确地面对期望与现实之间的差距,摒弃"等""靠""要"的思想,不断树立正确、理性、积极的就业观念。在择业过程中,毕业生充分了解本专业的就业前景以及当下就业形

势,不断认清自身价值,并不断把个人优势发挥到极致,把握一切就业机会,避免产生"高不成、低不就"的情况。另外,毕业生要从"就业定终身"的片面思想中脱离出来,充分认识到就业是一个长期的、流动的状态,毕业生要先就业,工作稳定后,再谋求发展,不断积累经验,多渠道实现自身价值。同时,毕业生要认识到自身的价值不仅在经济发达的一线城市能实现,在基层地区也能放光发热,不要把地域、工资待遇等作为择业的唯一标准,要注重把重心放在如何提高自身的综合能力上。要想选择理想的工作,就必须树立终身学习的观念,在大学期间针对本专业的特点,化被动为主动,不断努力,合理安排学习与训练的时间,提高综合素质及就业能力,为实现自身社会价值和人生价值奠定坚实的基础。

2. 调整自身的就业预期

调查表明,体育艺术类专业毕业生的择业期望值偏高,就业首选较发达城市,而对欠发达地区就业意愿不强烈,且毕业生择业重点考虑因素排在第一位的是薪酬与福利。择业期望值高所造成的不利影响主要有两方面:一方面,如果没有达到预期很容易产生挫败感;另一方面,眼高手低很容易错过良好的就业机会。目前普遍存在毕业生就业难的问题,并不是工作很难找,而是对于毕业生来说找一个份令自己各方面都满意的工作比较难,所以毕业生应该根据市场需求及就业形势不断调整自己的就业预期显得尤为重要。同时就业预期要符合自身的实际情况,量力而行,并把目光放长远,对自己的职业做出合理的预期,不要好高骛远,先实现顺利就业,才能更好地适应社会。

3. 树立正确的择业心态

正确的择业心态和稳定的心理素质对毕业生成功就业有着积极的影响。面对激烈的就业竞争,首先,体育艺术类专业毕业生应摆正自己的求职心态,在择业时始终怀着热情和勇气,以乐观向上的心态,结合自身条件进行就业选择。其次,即使求职碰壁也不要焦虑和气馁,保持一个理性的择业心态,正确看待自己的问题所在,总结失败经验。这就要求毕业生要锻炼良好的心理素质。良好的心理素质多表现在适应力和抗压力上,是毕业生在择业过程中不可缺少的软实力。最后,毕业生应在平时加强心理素质的培养,并通过读书、跑步等方式释放压力,为其在将来择业过程中能够适应新环境,积极应对市场竞争,并成功就业奠定良好的心理素质基础。

(二)增强求职面试能力,掌握一定求职策略

通过调研,我们了解到体育艺术类专业毕业生的就业技巧普遍掌握不足。如果毕业生在应聘时求职技巧丰富、语言表达能力较强,很容易在众多人才中脱颖而出,无形中增加了成功的砝码。据用人单位访谈得知,面试的印象也是他们最看重的毕业生应具备的条件之一,所以体育艺术类专业毕业生要做好求职之前的准备工作,掌握一定的求职知识和技巧,并重视求职细节是非常重要的。首先,通过多投简历及多关注就业政策信息促进就业成功。写好一份简历是求职的关键,因为简历起到"敲门砖"的作用,毕业生必须精心制作简历,简历的内容要切合自身实际情况,要求简单有力、有的放矢、突出重点,同时针对职位的要求突出自身的优势所在,把个人突出表现及亮点展现给用人单位,并做到根据不同职业、不同岗位的要求撰写合适的简历。其次,毕业生增强自身求职面试能力也至关重要,这就要求体育艺术类专业毕业生要积极参加各类招聘会及人才交流会,充分了解面试程序,熟悉面试整体流程,通过不断实践掌握一定的面试技巧。在平时,毕业生也要锻炼语言表达能力,做到在短时间内能充分展现自身能力及对职位的渴望。最后,毕业生在面试前必须掌握一定的礼仪知识,注意自己的仪容着装、言谈举止、情绪态度,在面试时做到自信、得体、大方、游刃有余,从而给用人单位留下一个好的印象。

(三)努力提高自身综合素质,提高就业竞争力

面对就业市场的竞争压力,以及市场对毕业生综合能力的要求越来越高,用人单位的用人标准不仅仅是停留在毕业生专业能力这个层次,而是越来越注重毕业生的综合素质,这也将成为衡量毕业生能否顺利就业的重要指标,也是影响就业后毕业生工作质量的关键所在,毕业生必须予以重视。因此,为避免体育艺术类专业毕业生步入社会遭遇"体育技能比不上体育教育、运动训练专业,舞蹈技能比不上艺术学院"的困扰,减轻就业压力,毕业生应不断提高自身综合素质,增强社会就业竞争力。大学生的综合素质是在学校的学习和各类社会实践中不断努力培养而成的。作为体育艺术类专业的学生,提高专业技术水平、培养各种综合素质最好的方法就是在校期间积极参加各种实践活动,不断增加自己的社会阅历。因此,毕业生必须掌握扎实的专业知识技能和具备良好综合素质,掌握就业主动权,以满足社会的各方面需求,做到有备无患,从而创

造更多就业机会。

(四)加大自我创新,积极自主创业

2021 年 11 月《教育部关于做好 2022 届全国普通高校毕业生就业创业工作的通知》中指出"完善就业创业促进机制,提高就业创业的质量和效率,推动高校毕业生更好、更优质就业"。体育艺术类专业毕业生不能仅仅是把自主创业当作职业期望,还应该付出行动,敢于挑战、勇于创新,树立一个长远的目标。在具有专业技术较强、肯吃苦等优势的同时,结合自身的专业知识及专项技能,塑造良好的创业心理品质,并指导费一个长远的规划,从而开辟出自己新的就业道路,如开设舞蹈培训机构,把自身的专业技能优势发挥到极致。同时,在学校要抓住各类创新创业类大赛的机会,树立自主创业的自信心,勇于迎接挑战。

(五)开拓就业信息渠道,拓宽就业领域

体育艺术类专业毕业生要通过各种途径与方法,拓宽就业信息渠道,做好就业信息的获取和利用。例如,通过电视、报刊等媒体获取就业信息,通过高校就业指导服务中心寻求就业形势及政策相关信息、就业工作的指导,通过学校及各地区举办的招聘会、各地人才交流会、各类招聘网站及 App 等网络媒体求职,通过老师、亲朋、好友介绍得到一些可靠的就业信息,等等,毕业生应从多种渠道对本专业就业信息进行获取与处理,不要局限于一种途径。良好的人际关系对就业信息获取起动重要的作用,这就要求毕业生应要尽可能多地参加学校及社会的实践活动并善于与他人沟通,锻炼为人处世,培养活泼开朗的性格,拓宽更多的人脉为获取就业信息创造平台。同时,毕业生应拓宽就业领域。体育艺术类专业毕业生就业地域选择半数以上都在本省,以及就业领域选择在学校的最多,总体上比较集中,并且就业意向也是如此。体育艺术类专业毕业生不应只局限于做体育教师及舞蹈培训机构教师,而应扩宽眼界,根据自己的兴趣爱好、能力、性格来进行定位,不断通过学习来挖掘自身的潜力,尝试做一些与自己专业相关的其他工作、自主创业或者进入企业工作,从而扩大就业范围。

五、促进大学生课外活动参与以提升其就业能力

(一)增加自身对课外活动的投入程度,有助于未来职业的选择和获取

大学生课外活动投入程度对就业能力的培养与提升有直接的影响。一方

面,大学生应尽可能多地参加不同类型的体育艺术类课外活动,不仅可以培养个人兴趣爱好,还可以自我探索、掌握自己在兴趣和能力之间的平衡,才不至于出现"自己喜欢但不适合成为职业"的情况,更加明确自己适合的职业方向;另一方面,大学生应投入一定的时间和精力,有投入不一定有回报,但是不投入就一定没有收获,只有投入其中才能获得更多回报,同时也可以从多种渠道获取更多的就业信息,这些在职业选择和职业获取上都对大学生有所帮助。

(二)充分认识自身特征和优势,在课外活动中有目的地规划职业生涯

大学生的个体背景在课外活动参与程度对就业能力的影响中具有显著的调节作用,虽然性别、生源地、高校类型、专业类别、家庭收入或者父母受教育程度都因人而异,但是,大学生应该充分认识自我特性。一方面,在课外活动中发挥优势,定制适合自身的职业生涯规划。比如,有特长的大学生可以发挥特长优势,选择能够施展才华的课外活动;另一方面,如果大学生发现自身在哪些方面存在不足,可以有针对性地弥补短板,如多参加锻炼团队协作、提升领导力、自我推销、情绪调控等的体育艺术类课外活动。大学生只有在课外活动中充分认识自我,并根据自身情况做出正确定位,才能发展清楚的就业目标,并制定出符合实际的职业生涯规划。

(三)利用课外活动提升社交能力,有助于保持职业的稳定性

大学生在课外活动中的社交程度越高,大学生的就业能力就越强。事实上,无论是在哪方面,社交都是很重要的,它包括沟通、表达、人脉等方面。大学生在课外活动中通过与师生的交流和共事,不仅能与其他成员建立良好的社交关系,不断提升自身的人际交往能力,积累人脉和社会资本,还能通过一次次的总结发言,锻炼出良好的心理素质,以便于在未来的多种场合能表现得镇定自若、淡然处之,有助于大学生在未来的职场中保持职业的稳定性。

(四)参加课外活动应注重提升自身就业能力

参加课外活动并不一定要追求职务的高低,也不一定要热衷于"学生干部"的头衔,而是需要多方位地参与、学习和训练,从而提升自身就业能力。大学生在课外活动中,应该实事求是,多参与、重培养,尽可能为自己创造更多的实践机会,在实践中不断地自我训练,完善和升华自己,提升自身就业能力。

(五)加强对课外活动组织的管理和辅导,提升课外活动对就业能力的影响作用

目前体育艺术类专业大学生对课外活动的参与程度是比较高的,其在校期间课余时间丰富,参加活动更便利、主观能动性更强,有共同的兴趣群体。因此,高校可以充分抓住这些特性,对课外活动组织进行有效的管理和辅导,有利于提升大学生就业能力。首先,高校应充分发挥课外活动的教育作用,寓教于乐,着重培养大学生的领导能力、创新能力和管理能力,让学生在课外活动中得到培养,使其德、智、体、美、劳全面发展,通过课堂教育与课外活动参与的相辅相成,实现人才全面均衡发展;其次,高校应配备完善的保障措施,具体包括时间、场地、经费、辅导教师等基础保障,当基本设施得到保障以后,课外活动的内容、质量和文化内涵都得到提升,学生参与的积极性越高,也越有利于学生的能力发展,形成良性循环。

第五章 体育艺术类课程"五星级"
教学模式对大学生创业能力培养研究

第一节 大学生创业能力培养基本概述

一、大学生创业能力的概念

(一)创业

"创业"顾名思义就是"创建新的企业"。"创业"的定义有着丰富的内涵,由于研究者研究角度的不同,仁者见仁,智者见智,至今,对"创业"的定义还没有统一的说法。例如,有的学者从经济功能的角度谈创业,有的学者认为创业是一种方式或方法,有的学者从创业者的个人特质来定义创业,等等。

在《辞海》中给出"创业"的定义为"创立基业,即开拓、创造业绩和成就"。它强调的是开创事业的艰辛以及开创事业过程中的创新。霍华德·H. 斯蒂文森(Howadr H. Stveneosn)认为,创业是一个人——不管是独立的还是在一个组织内部——追踪和捕获机会的过程,这一过程与其当时控制的资源无关。创业可从六个方面的企业经营活动来解释:发现机会、战略导向、致力于机会、资源配置过程、资源控制的概念、管理的概念和回报政策。① 罗伯特·赫里斯和迈克尔·彼得斯提出:"创业就是通过奉献必要的时间和努力,承担相应的经济、心理和社会风险,并得到最终的货币报酬、个人满足和自主性的,创造出有价值的新东西的过程。简单地说,创业就是创造新东西的过程,并承担风险和得到

---

① Wortman Max S. New Business Ventuers and the Enterpreneur[J]. *Entrepreneu Theory and Practice*,1985,10(1):7.

回报。"[①]雷霖、江永亨认为："经济学意义上的创业,是指通过利用各种资源包括人力和资本来创造价值,以产品或服务的形式贡献给消费者,同时自身获取利润并取得发展的过程。"[②]复旦大学郁义鸿、李志能教授提出："创业是一个发现和捕获机会并由此创造新颖产品或服务和实现其潜在价值的过程。"[③]

不同专家学者对"创业"概念的表述虽有不同,但是对创业的理解也存在共同点:一是创业是一个创造的过程;二是创业需要付出努力;三是创业要承担一定的风险;四是创业会带来物质和精神上的满足等。

大学生创业是指在校正在接受大学教育的学生以及刚毕业还没有找到工作的学生,通过学校、社会、家庭等的教育获得从事创业实践活动所必须具备的知识、能力和心理品质,培养自谋职业、创业致富的能力,发现和捕获机会并由此创造新颖产品或服务与实现其经济价值和社会价值的过程。

(二)大学生创业能力

创业能力是一种把自身的专业知识与技能相融合,整合有效的社会资源并创造出社会价值和经济价值的能力,它是将创造能力转化为实践的过程。创业能力具有创造性、实践性和综合性等特征。创造性是指创业能力是从无到有的创新性活动;实践性是指创业能力需要脚踏实地付诸行动;综合性是指创业能力需要与政府、学校、社会、师资、课程、平台等各类要素协同作用。

大学生创业能力是大学生综合素质与能力的集中体现,包含基础创业能力和核心创业能力两方面。基础创业能力具有创业能力的共性,如良好的道德修养和法律素质、较强的心理素质和适应能力以及丰富的社会活动经验。核心创业能力包括创业意识、创业精神、组织管理能力等,是大学生创业取得成功的关键,是一般人所不具备的,是完成创业活动的必备特质。大学生群体接受高等教育,其思想更为超前,思维更为活跃,活动更具有创新性。因此,大学生创业能力的内涵较之普通创业者更加具有丰富性,与一般意义上的创业成功者在创业过程中体现出的特质既有区别又有一定的联系。主观能动性是大学生创业者与一般创业者的最大不同之处。大学生的世界观、人生观、价值观呈现出多

① 罗伯特·赫里斯,迈克尔·彼得斯. 创业学[M]. 5版. 王玉,王薔,楼尊,等,译. 北京:清华大学出版社,2004:9-10.

② 雷霖,江永亨. 大学生创业指南[M]. 长沙:中南大学出版社,2001:13.

③ 郁义鸿,李志能,罗伯特·D. 希斯瑞克. 创业学[M]. 上海:复旦大学出版社,2000:9.

元化的特点,既有对传统观念和传统行业的挑战欲望,也有实现自我价值的理想追求,往往对未来充满希望,面对复杂多变的商业活动有"初生牛犊不怕虎"的勇气,随机应变能力以及抗压能力成为大学生创业群体的优势。但是,目前对于大学生创业的看法仍局限在创业技能范围,并不能完全揭示出大学生创业能力的特殊之处。例如,对大学生创业能力的定义仍局限在管理学的框架桎梏下,大学生在学校里学到了很多理论性的东西,有着较高层次的技术优势,其最有前途的事业就是开办高科技企业。一些风险投资也往往是因为看中了大学生所掌握的先进技术,而愿意对其创业计划进行投资。发展性是大学生创业能力的特质所在,大学生积极创业有助于提高能力、增长经验以及学以致用。大学生在创业过程中所展现的个性特征,是对大学生的智慧、气魄与胆识等的全方位的考验,要关注自身知识结构与创新性的融合,强调对大学生思维、意识、观念的改变,从而实现大学生创业能力的发展。

综上所述,大学生创业能力是大学生在综合自身知识结构、心理素质、创新精神、社交能力、道德品质等因素,利用各种资源,实现创新创业,创造各种价值并体现出大学生独特的个性特征的一种综合能力。

(三)培养大学生创业能力的目标

创业的最佳年龄一般为 25～30 岁,这段时期是创新思维最为活跃、精力最充沛、最好动脑筋、创造欲最旺盛的时期。尤其是在网络软件、广告、策划、咨询、证券、投资等知识密集型行业中,经验优势已不再凸显,重要的是创新精神。大学生符合这些特征。因此,这是培养大学生创业能力最合适的时期。

大学生创业能力培养的总体目标是:根据我国国情,通过高校创业教育、国家政策等的途径,以提高大学生创业能力为目标,转变其思想,掌握其自谋职业的本领,使他们更多地从"等、靠、要"到自主创造转变,为我国各行各业培养出更多的创新人才。大学生创业能力培养的具体目标是培养大学生的创业精神,丰富大学生的创业知识,健全大学生的创业心理,提高大学生的创业能力。

二、大学生创业能力的内容

创业要比一般的工作更为复杂,它具有多方面的因素,需要创业者具备全面的能力。创业活动的成功与否在很大程度上取决于创业能力。因此,对大学生创业能力的培养要全面、具体,主要包括以下四个方面。

(一)创业意识和创业精神

"意识对物质具有反作用",意识是一种蕴藏于我们大脑中的精神能量。因此,创业意识和创业精神是决定是否创业的关键因素。创业意识包括创业动机、意向、需要、信念等,创业精神包括坚强的意志、勇于奉献的精神、远大的理想等。由于我国教育体制和传统观念的影响,大学生们普遍缺乏创业意识和创业精神,不愿、不敢去拼搏,总希望寻求一个"铁饭碗"。因此,高校应注重培养大学生的创业意识,以及百折不挠与无私奉献的精神,使大学生能在复杂的环境中锻炼品质,更好地实现人生价值。

(二)工作方法能力

工作方法能力是指大学生在创业过程中分析问题、解决实际问题的能力。工作方法能力包括决策能力、组织能力、管理能力、开拓市场的能力、创新能力等。决策能力是指大学生在复杂的环境和情境中当断则断、当行则行、当止则止的能力;组织能力是指大学生在工作中做到统筹兼顾、合理安排、步调一致的能力;管理能力是指大学生对人、财、物的合理使用和支配能力。开拓市场的能力是指大学生抓住市场机遇、销售企业产品和服务、拓展和开发市场的能力;创新能力是指大学生与众不同、勇于创新、开拓进取的能力。

(三)专业知识技能

创业不仅要求大学生要了解相关的专业知识,更要求大学生具备处理实际问题的能力。因此,大学生在校期间要学好专业知识,还要不断提升自己的专业技能,加强动手能力。专业知识技能包括经营管理知识、法律知识、实验室操作实验等理论和实践的知识。此外,大学生还要学会收集和分析案例的能力,为自己的创业做好铺垫。

(四)社会能力

社会能力是指大学生在创业过程中,接触社会,与人打交道的能力以及面对问题和风险的承受能力。社会能力包括人际交往和表达的能力、团队合作的能力、承受挫折的能力。人际交往能力是指创业者在创业活动中对内协调处理好与下属各部门、各成员之间的关系,对外妥善处理与公众(政府部门、新闻媒体、消费者等)之间关系的能力。表达能力包括口头和书面的表达能力。人际交往和表达能力培养的是大学生的沟通能力。团队合作的能力是指创业者与合作者、雇员、有关的机构以及同行的团结友好合作。它培养的是大学生与他人合作共事,和睦相处的能力。承受挫折的能力是指创业者勇于面对失败和挫折,具备坚强不屈的毅力。它培养的是大学生乐观的人生态度和奋斗拼搏的勇气。

三、大学生创业能力培养的特征

在大学生创业的过程中,创业能力是能力的核心要素。大学生创业能力的培养不同于一般能力的培养,它是与大学生自身心理特征和社会实践活动等相关的一种综合能力。大学生创业能力培养具有以下特征。

(一)智能性

创业活动的开展必须以个人的智力为基础。智力不仅包括智商,还包括观察力、记忆力、想象力、注意力等。在具备良好智力的基础上,形成了创业所需的认知能力、自主能力、社会能力等。在这些能力的形成中,如果没有智力发挥作用,各个能力无法协调和整合,也无法解决创业中出现的问题。因此,在大学生创业能力培养的过程中要注重智力的开发,从而协调各个能力。

(二)创造性

创业活动的本质是创新和创造,它要求创业者在面对突发问题时能及时地发现问题,并且快速地做出适当的决策,创造性地解决问题。大学生创业能力培养主要是培养学生的创造性思维和创造性人格。创造性思维具备创造性活动中表现出的新颖独特且有意义、灵活性强、分析思维与直觉思维的统一、发散思维与聚合思维的统一等特点;创造性人格具有健康的情感、坚强的意志、刚毅的性格、良好的习惯、积极的个性意识倾向等特点。创造性在创业活动中能得到不断地提升。

(三)综合性

从创业能力培养的内容来看,包括创业意识和创业精神的培养、专业知识技能的培养、工作方法能力的培养、社会能力的培养等。创业能力的各个要素均有其独立的地位和功能,这些要素相互依赖、相互作用,从整体上决定了创业能力水平的高低。因此,对大学生创业能力的培养既包括思想、意识的培养,又包括知识、技能、实践能力的培养。

(四)个性化

每个人的心理素质不同、性格不同,创业者的创业能力也是因人而异的。不同的人为创业付出的努力不同,发挥的创业能力的水平不同,所取得的结果也是不同的。所以,对大学生创业能力的培养要针对不同的人群而定,具有个性化的特征,不能千篇一律,搞"一刀切"。

(五)实践性

实践性是创业能力培养的一个重要的特征。大学生具备了一定的知识技能后,需要在实践活动中发挥作用,否则就是纸上谈兵。通过实践活动能补充和积累大学生的知识和经验,反过来又会促进实践活动的进行。创业实践活动犹如一个舞台,为创业者提供了一个展现和发挥自我能力的平台。因此,大学生创业能力培养必须为其提供这样一个舞台,使其在实践活动中不断开发自己的潜能,最大限度地发挥自己的创业能力。

四、影响大学生创业能力培养的条件构成

大学生创业能力培养不单单是学校对其专业知识、理论、思想的教育,还要求个人、家庭、政府和社会各个方面都应担负起自己相应的义务和职责。

(一)个人、家庭是大学生创业能力培养的基础条件

俗话说:"家庭是孩子成长过程中的第一所学校,父母是孩子的第一任老师。"因此,家庭对大学生创业能力培养的作用是最基础、最潜移默化的。其基础作用体现在以下方面。家庭成员对创业的态度、家庭成员的价值观、学历、职业以及家庭的经济状况都会对大学生创业产生影响。一般来说,如果家庭成员具有较高的学历,并且自己从事相对开放的职业,他们在教育孩子时就能鼓励其创新创业、大胆尝试、不怕失败,并在家庭经济状况允许的情况下,给予资金上的支持和援助,这些大学生创业热情较高,选择创业作为自己职业的可能性比较大。大学生个人是形成创业行为的关键因素,如个人的价值观、性格、心理

素质、创业意识和创业精神、专业知识和技能、决策能力、组织能力、管理能力、开拓市场的能力、创新能力、人际交往和表达的能力、团队合作的能力、承受挫折的能力等,都是决定创业的因素。如果大学生个体具备创业能力较强以及创业愿望较强,他就越有可能选择创业。因此,个人和家庭对大学生创业起着内在的基础作用,是大学生创业能力培养的基础,任何外在的因素都不能取代其作用。

(二)高校给予大学生创业能力培养以指导

高校对大学生创业能力培养具有直接的、指导的作用,其功能是提供大学生创业所需的教育。创业过程中需要大学生具备的创业知识和技能,都是在高校中通过接受创业教育才能获得的。在大学生创业能力培养的过程中,高校既是实施主体,要组织、规划大学生创业能力的培养,对大学生的教育负责,又是实践者,拥有最新的研究成果并可以及时转化,可以为大学生创业提供更大的空间。此外,高校的文化氛围具有现实的、潜在的和长远的影响,对大学生创业意识和能力的提升具有引导、塑造、渗透的作用。学校是大学生创业能力培养的主要阵地和主要渠道。高校对大学生创业能力培养的影响具体体现在:高校是否具有先进的创业教育理念,各种有关创业的规章制度和措施,完善的创业教育课程体系,优良的创业教育师资队伍;能否为大学生的创业活动提供必需的时间和空间以及支持和服务体系等。这些都对大学生创业能力的培养起着举足轻重的作用。如果高校具备以上的创业教育体系,通过相应的理论和实践指导及帮助,在一定程度上能够更好地激发大学生创业的热情。

(三)政府是大学生创业能力培养中的支持条件

政府职能即"政府客观上固有的功能,是行政机关生产或提供公共物品和公共服务的功能"[1]。社会的政治制度、经济制度,政府提供的政策、服务、保险等,以及基础设施建设,都为大学生创业能力培养提供肥沃的土壤。"一个国家如果长期对新创企业采用低税率的税收政策、低利率贷款的金融政策,创业板市场存在并且活跃,道路、电讯、能源、运输等基础设施相对完善,那么该国创业者不仅有创业动力,而且新创企业成功的机会更大"[2]。由此可见,在大学生创

---

[1] 翟桔红,徐水安. 政府职能厘析[J]. 中南财经政法大学学报,2007(2):43-47,134.
[2] 潘光林. 创业及其支持系统[J]. 统计教育,2001(3):20.

业方面,政府的职能应该是提供"鼓励创业、支持创业、服务创业、保护创业"的环境和条件。其具体体现在以下几方面:一是为大学生创业提供优惠政策,鼓励更多的大学生创业;二是加强法治建设,保障大学生创业的顺利进行;三是构建政府的支持系统,设立大学生创业基金,建立大学生创业融资担保制度,设立大学生创业保险,建立专门为大学生企业服务的财税政策,搭建政府服务平台;四是努力营造一个公平的创业环境,使大学生在创业时能真正获得平等的机会和权利。政府的投入、鼓励、支持、引导和服务等工作在大学生创业能力培养的过程中扮演着重要的角色,起着至关重要的作用,是大学生创业成功与否的关键。

(四)社会环境在大学生创业能力培养中起到协助作用

社会环境对大学生创业能力培养同样具有重要的作用。社会鼓励创新的文化背景、良好的创业氛围、来自媒体的宣传教育以及企业、社区和协会机构的帮助等,都属于大学生创业能力培养模式的协助系统。文化背景和文化氛围对大学生创业动机具有潜移默化的作用。老子的"无为"思想与伏尔泰"积极进取"的思想是两种截然不同的思想,是否创业也可能取决于这两种思想的影响。这种文化氛围的暗示作用不可忽视。外生环境主要包括:企业、社区和协会机构等。功能是提供咨询、帮助和场地、资金等服务。相关企业和机构有助于大学生创业了解其创业领域的现状和发展前景,确定创业方向,获得技术、资金的援助。因此,协助系统的功能主要体现在为大学生培养和塑造良好的创业环境。

第二节　体育艺术类课程对大学生
创业能力培养价值研究

一、体育艺术类课程中蕴含的体育精神对大学生创业能力培养促进作用

(一)体育精神与创业能力具有契合性

高等教育的一个重要任务就是培养社会发展需要的人才。体育作为高等教育的一项重要内容,与德育、智育共同构成了高等教育的基础。体育精神是体育教育的核心,是培养大学生健康向上心态的关键。创业教育所要求具备的

某些能力与体育精神具有内在一致性,加强体育精神的培养有助于提升大学生创业能力,推动其全面发展。

1. 两者的目标具有一致性

弘扬体育精神和提升创业能力都是为了促进大学生全面发展,二者的目标具有一致性。学生在体育活动中展现出的积极向上、勇于拼搏的精神品质,体育活动有助于大学生磨炼意志,培养拼搏进取的精神,养成良好的生活习惯、学习态度,最终实现全面发展。创新型人才成为当今社会背景下人才培养的重要目标。具备一定的创业能力及拼搏、进取、团结、协作等良好精神品质更是一个人得以全面发展的关键。

2. 两者的主体具有一致性

学生是高等教育的主体,是培养体育精神的重要对象。高校在开展活动时,要重视学生群体的差异性,开展丰富多彩的活动。高校可以建立有效的奖励机制,吸引学生主动参与活动,提升其自主性。创业能力是创新教育的核心,而较强的自主性是培养学生创业能力的前提和基础。在创业实践活动中,高校应引导学生主动思考、主动创造,充分发挥其主体性作用。

(二)体育精神对创业能力的促进作用

积极向上、内涵丰富的校园体育精神有助于培养学生乐观的心态,引导学生多思考、勤探索,增强学生创新思维的活跃度,从而推动其创业能力的发展。

1. 有利于培养大学生的竞争意识

体育活动最大的魅力便是"竞争"。运动员在比赛过程中实现自我提升,这也是体育运动的精神所在。大学生在参加体育活动的过程中,不断挑战自我、超越自我,便是体育精神的最好展现。创业能力的提升也需要竞争意识,竞争是提升创新创业能力的有效手段。当然,创新不是一蹴而就的,中途会经历失败。在面对失败时,拼搏进取的体育精神便会成为驱动个体克服困难、勇往直前的强大动力。

2. 有利于培养大学生的团队协作能力

团队协作能力是创业能力提升的关键,创业单靠一个人是很难取得成功的。在当今社会,团队协作能力是大学生职场应具备的能力之一。在职场中,如果大学生具备较高的团队协作能力,其个人的价值、特长就得到更好的发挥。

有很多体育项目是需要队员相互协作完成的,对大学生团队协作能力的培养具有极大的帮助。每一位队员都有自己擅长的领域,在团体项目中,只有相互协作,各自发挥所长,才能使得整个团队的能量得到最大程度的释放。

3.有利于塑造大学生的品质

长期坚持体育运动,能够磨炼一个人的意志。从夜以继日地训练,到压力巨大的赛事准备,这其中的艰辛不是常人可以想象的。在开展体育运动的过程中,学生要通过大量的反复练习逐渐克服技术难题和心理障碍,通过不断的学习战胜来自心理和身体两方面的压力,在此过程中养成优秀的品质。在创业能力的培养过程中,也会经常遭遇失败,需迎难而上、不断拼搏,如此才能取得成功。

4.有助于激发大学生参与活动的主体意识

体育精神具有健康向上的文化内涵,在实践活动中具有导向作用,能够激发人前进的动力。创新活动最主要的驱动力就是创新思维的转变,创新思维是激发创新能力的关键因素。无论是体育活动还是创业,最重要的就是参与,拥有积极心态。敢于实践、勇于创新、不怕失败、勇于拼搏的体育精神有助于大学生在创新活动中进一步拓展思维能力,激发创新创业热情。

二、体育艺术类课程蕴含的艺术素养对提升大学生创业能力的作用

艺术素养是一个人对艺术的认知和修养,是对艺术欣赏能力和表现能力的综合体现,是决定某个人能否进入高层次的艺术境界的重要指标。可见,艺术素养始终贯穿于全部的艺术活动之中,是大学生内涵和内在能力的体现。体育艺术类课程学习可以提升学生的艺术素养。与拥有较高艺术素养的人相比,缺乏艺术素养的人或者艺术素养不高的人,其工作中的能力表现普通。大学生艺术素养,是在学习科学技术知识的同时必须掌握的一门技能和能力,这项能力的提升可以很好地促进开拓创业思想、心理调适能力增强、创业技巧多样化、思维创新能力全面化。这些都可以更好地提升大学生的创业能力,帮助大学生更快地适应社会。

(一)艺术素养有利于加强拓宽创业思想、增强心理调适能力

艺术素养是在潜移默化的状态下加强自身思想开放化的思维和思考模式,使其可以更好地接纳各种意见和建议,可以更好地开放其工作的状态。长期的艺术素养培养可以使自己的大脑和小脑协同发展,也可以使自己随时保持一个

良好的思维方式。艺术素养的培养不单单可以加强思想开放化,还可以增强心理的调适能力,有效地克服心理的障碍,避免人产生空虚等负面情绪,使人开朗和充满能量,随时随地保持良好的心理状态,给身边和关注者传递正能量,这是艺术素养的内在能力。艺术素养是看不见摸不着的,是一种感觉和一种能力。艺术素养的提升可以使人的内心形成良好的素养和素质,而这些素养和素质是一个人成功成才的必备条件。我国的成功人士都有其自己喜欢的艺术种类,而在人生存的各种环境下艺术无处不在。

(二)艺术素养有利于加强创业技巧多样化,增强思维创新能力的全面化

在创业中艺术素养可以加强其职场技巧的多样化。一个拥有良好艺术素养的人在职场中可以起到良好的素质素养标杆作用,具有独特气质。这种气质是无法在短时间内获得的,它是一个储备和发展的过程,需要长时间的积累,这种气质可以在面试中提升成功率。艺术素养在增强思维创新能力全面化方面也是非常有效的一种手段。一个具有艺术素养的人,其思维是开放的,其想象能力也是非常丰富的,对生活充满热爱。

三、体育艺术课程对大学生创业能力的培养作用——以健美操为例

健美操是一项集体操、舞蹈、音乐、健身、娱乐于一体的体育项目,具有强身健体、塑形瘦身的突出特点,适合于不同年龄、不同性别的人群,是当下全民健身运动中热门的运动项目之一。由于其具有明显的普遍适应性特征,参与群体庞大,对于健美操运动技能的发展需求较为强烈,为大学生的自主创业提供了广阔的发展平台。由此可见,健美操教学对大学生创业能力的培养具有一定促进作用。具体包括两点:其一,通过系统、精准的培养,提高了大学生健美操的综合素养,使其具备了在大众健美操领域开展自主创业的基础能力;其二,有助于引导学生了解大众健美操参与者的发展需求,采用多元化的手段给予其必要的支持与帮助,这对于大学生创业能力的培养,具有重要的促进作用。例如,在"疫情"期间,沈阳体育学院健美操教学团队充分利用线上平台,组织学生根据大众健美操运动的特点,制作了适合于"宅家"练习的健美操微视频,并上传到网络平台,吸引"宅家"的居民开展健美操教学活动,深受广大居民的欢迎。不仅使"疫情"期间居民健身的问题得到有效的解决,还使学生的创业能力也得到了一定程度的培养。

第三节　体育艺术类课程教学中大学生
创业能力影响因素分析

一、参与体育艺术类课程学习的学生创业能力情况

(一)创业能力维度内涵及任务

为便于分析体育艺术类课程对大学生创业能力的影响,我们对江汉大学参与体育艺术类课程学习的学生进行了调查。以创业素养理论、蒂蒙斯创业过程理论、基于任务解决的要素理论三个理论为支撑,根据专家对创业能力要素进行的评定,构建出学生创业能力的各个维度,分别是机会把握能力、团队领导能力、资源整合能力、创新学习能力、风险承受能力以及专项技术能力。创业能力维度内涵及对应任务说明表见表5-1。

表5-1　创业能力维度内涵及对应任务说明表

能力维度	主要内涵	任务
机会把握能力	发现机会与抓住机会	在发现机会时,学会制订相应的计划,抓住机会实现目标
团队领导能力	创业者对团队工作的掌控能力	增强团队凝聚力,提升团队执行力
资源整合能力	合理地进行资源分配与整合,从而带动生产力的提高	对不同来源、不同内容的资源进行分配整合,从而优化现有资源
创新学习能力	不断创新想法,不断学习接受新事物	用立体的思维发现问题、解决问题
风险承受能力	不畏惧风险,有很强的风险承受与处理能力	对未知风险面对、管理与承担的心理准备
专项技术能力	创业者在专业知识和技能方面的能力	表演、教学与编排在创业活动中灵活运用

1.计划把握能力维度

根据创业过程理论,商业机会是创业过程的核心要素,发现和获取创业机

会是创业活动的源头。所以,创业者在实践过程中一定要具备机会把握能力。机会把握能力具体分为对机会的敏锐度、辨识机会与把握机会的能力。

2. 团队领导能力

鉴于学生的实际情况以及创业成功者的经验,创业活动往往是一个团队的活动,也就是一个团队共同开展创业。作为创业的领导者,既要有谋略、有远见,要具备较好的决策能力与执行力,又要有凝聚能力,具备团队领导能力,能营造良好的团队氛围,让团队的每个成员彼此协作、彼此配合,使创业活动更加轻松和取得成就。

3. 资源聚合能力

当把握机会与创建团队后,还要对当前资源进行整合。对于学生创业来说,很多方面的资源都很受局限,因此,在创业过程中我们就要具备高超的资源整理的能力,能对资源进行合理的识别、获取、配置及利用,这样企业才可以健康发展[①]。

4. 创新学习能力

创业过程中需要不断创新与学习,因此需要学生具备创新学习能力。参与体育艺术类课程的学生要具备想象能力与批判能力,这是创新能力的一个起点,学生可以对本身掌握的知识进行实操,然后思考并探索新观点、新想法及新方法,同时加以融合,学生在创业过程中应始终保持创新力与创造力,为创业活动不断提供生命力。

5. 风险承受能力

市场具有不确定性因素,创业者的风险承受能力也是非常必要的。风险承受能力即面对风险的能力与应对困难的能力,包括风险偏好、处理风险的能力、风险管理以及抗压能力四个方面。通过前期与已进行创业的同学、朋友交流发现,有创业意识的学生普遍认为在漫长的创业过程中都应该有"小强精神""经受考验""越挫越勇""积极乐观""坚持到底"等精神。

6. 专业技术能力

体育艺术类课程专业参与的学生对专项技术能力的掌握也是其创业的必备条件之一。大学生常常会选择与自己专业有密切关系的项目进行创业,因此

---

① 张媚. 个性化教育视角下大学生创新创业能力培养研究[D]. 西安:长安大学,2016.

专项技术能力是我们在创业活动中提高核心竞争力的主要能力之一。

(二)参与体育艺术类课程学习的学生创业能力的总体情况

高校可将创业能力维度平均数的表现水平分为"低""中下""中上""高"四个级别。例如,江汉大学参与体育艺术类课程学习的学生其创业能力总体处于中上水平,学生创业能力各维度水平由高到低排列顺序为专项技术能力、创新学习能力、团队领导能力、资源整合能力、风险承受能力、机会把握能力,其中低于创业能力总体平均水平的三个维度是机会把握能力、资源整合能力和风险承受能力,大部分学生在这三个维度的创业能力水平相对较低。

参与体育艺术类课程学习的学生创业能力各维度的总体情况如下。

1. 机会把握能力情况

相比于其他维度,大学生的机会把握能力水平较低。具体来说,学生对机会的识别与把握能力较差;学生在面对创业机会时,因为各种原因,不够果断,无法把握住每一次的机遇;学生对机会的敏锐度和机会的辨识能力相对较低。

2. 团队领导能力情况

团队领导能力在学生创业能力的六个维度中处于较高水平。具体来说,学生谋略与制订计划的能力以及执行力都是非常好的;在遇到挫折困难时保持理智的分析与决策、不放弃自己的团队,负责任、有担当。

3. 资源整合能力情况

参与体育艺术类课程学习的学生在资源整合能力方面较为欠缺。学生发现资源、辨识资源、配置资源后还需要利用资源,将资源结合内外部环境搭建资源结构才能最大限度地发挥资源的作用。

4. 创新学习能力情况

参与体育艺术类课程学习的学生的创新学习能力水平较高。具体来说:学生要具有探索学习的能力,不断融入新知识,才能为自己提供不竭的动力;学生热爱学习,但是将新旧知识很好的融合并产生新的想法与感悟的能力还比较弱,应加强学生立体思维、立体学习的能力。在这一维度中,反映了学生愿意接受新鲜事物,愿意学习新的技能与知识,不局限于同一种模式,这大大提高了学生创新学习能力,让学生在创业的道路上不断进步,直至成功。

5. 风险承受能力情况

参与体育艺术类课程学习的学生,其在风险承受能力方面表现较差,在创业过程中,当压力出现时,学生要顶住压力不要放弃;创业过程不是一帆风顺的,而是风险与收获并存,相信经过不断的学习与成长,学生的风险承受能力也会提高。

6.专项技术能力情况

专项技术能力在创业能力维度中是最高的,这与体育艺术类课程教学培养方式有很大的关系。体育艺术类课程教学对培养学生的表演能力与自信心方面起到积极的作用。专项技能是学生在校培养的主要目标,对学生创业能力的提高起到积极的作用。

二、不同条件下参与体育艺术类课程学习的学生创业能力比较

(一)不同专项大学生创业能力比较

不同专项大学生创业能力维度与总体创业能力上有差异,但差异不显著。在机会把握能力维度,健美操专项学生居第一位,体育舞蹈专项学生排名居第二名,啦啦操专项学生居第三名,可以看出健美操专项学生把握机会的能力最强;在团队领导能力、资源整合能力、创新学习能力、专项技术能力等维度,健美操专项学生与体育舞蹈专项学生均值排名分别为第一、第二,中国舞专项学生排名第三,啦啦操专项学生排名第四。在风险承受能力维度,健美操专项学生居第六,体育舞蹈专项、啦啦操专项位居第二、第三名。从各专项学生总体的创业能力均值来看,健美操专项学生能力最高,其次是体育舞蹈专项的学生位居第二,啦啦操专项学生应加强各方面创业能力的培养,提升自身的创业能力。

(二)不同年级大学生创业能力比较

不同年级的学生在团队领导能力、资源整合能力、创新学习能力、风险承受能力等维度可以看出,大四学生的创业能力均值是最高的,其次是大三学生,低年级学生在这三个维度的均值低于高年级学生;在机会把握能力维度,大四学生也是最高,这是因为随着年级的增加,经历与阅历的丰富,会使学生认知水平提高,机会把握能力会越来越强;在专项技术能力维度,大三学生排名第一,大四学生排名第二,这是因为大四学生面临实习与就业,专项实践与理论课程在大三结束,因此大三学生专项技术能力最高。

总体来看,不同年级学生在创业能力上有差异,但差异均不显著。

(三)不同性别大学生创业能力比较

在整体的创业能力上,男生的创业能力总体水平略优于女生,在各维度创业能力中,男生在机会把握能力、团队领导能力、资源整合能力、风险承受能力以及专项技术能力都略优于女生,女生仅在创新学习能力方面略优于男生,但通过显著性分析,不同性别的大学生创业能力有差异但并未达到显著性差异。

三、参与体育艺术类课程学习的学生创业能力的影响因素分析

由上文可以看出,参与体育艺术类课程学习的学生创业能力属于中等偏上水平,创业能力总体水平还有待提高。下面主要从学校培养、学生自身以及创业环境等角度出发,探究其创业能力的影响因素,为提高参与体育艺术类课程学习的学生创业能力提出建议和理论支撑。

(一)创业教育课程因素的影响

参与体育艺术类课程学习的学生所接受的培养模式依旧固守传统的人才培养模式。体育艺术类课程的培养目标,应将学生培养为具备体育艺术修养和实践创新能力,能够在各个级别、各个类型的表演团体、院校、健身俱乐部等单位中,从事编排工作、训练、教学及舞蹈表演的复合型的人才。从培养目标来看,高校进行创业教育的意识比较薄弱,还需要加强培养参与体育艺术类课程学习的学生的创业能力。

高校对创业教育的理解有所偏差,对于创业教育仅仅停留在对有兴趣创业的学生做培训阶段。学校就业创业指导中心聘请创业指导专家为学生开设创业课程,讲授的内容大多数比较笼统且单一,没有对各个专业学生进行针对性的指导,学生在创业过程中很难将之前的理论运用到实践之中。高校应在传授理论知识的同时引导学生接触创业实例并对创业实践的活动进行分析指导,在创业活动中激发学生创业的兴趣,提高学生对创业过程的认知,可以更好地引导学生进行创业实践活动,培养学生创业能力。

高校创业教育课程体系未完善。到目前为止,高校对体育艺术类专业学生的创业教育始终没有建立一套系统的、权威的体系,甚至很多高校没有为体育艺术类专业学生设置创业教育课程。创业教育未被纳入人才培养方案,学生没

有接受创业教育,自然创业能力就会比较低,即使学校有创业相关的课程,也是短期的,并不是系统的、全面的、有针对性的。高校开展的创业教育活动中,大多仅停留在开办创业大赛让学生阐述创业计划书,课程的设置远离了学生群体特点,与体育艺术类专业学生的人才培养方案不相匹配。因此,大学生创业能力课程的不完善、不系统导致学生创业能力得不到提高、创业兴趣得不到激发、创业勇气不能建立,对于创业过程的知识与技能的积累就更无从谈起。

(二)自身条件因素的影响

参与体育艺术类课程学习的学生接触创业机会较多,同时他们身上具备独特的艺术素养,年轻有活力、拥有热情,是非常适合创业的群体。但是创业活动不仅需要热情以及自身专业技能,还需要掌握综合的创业能力。从以下几个方面我们来分析学生自身限制创业活动的原因。

首先,参与体育艺术类课程学习的学生创业相关的知识储备明显不足。学生很少有人了解创业相关的政策,以及创办公司的流程,对于工商、税务、财务等方面更是了解甚少,在准备实行创业计划的时候就已经被流程限制,创业计划成为空谈。同时学生掌握的知识面比较狭窄,对于国家政策以及法律相关条文不熟悉,因此缺少创业相关政策和法律知识,限制了创业活动的开展。

其次,参与体育艺术类课程学习的学生对于创业实践经验掌握较少。古人曾说:所有的事情在纸上谈兵都不如亲自去做得来的经验深刻。在校学生虽接触较多的创业实例,但仍然缺乏创业实践,没有深入学习创业过程所需要具备的知识技能,只是凭空在描绘创业活动,这样的创业是非常难成功的。同时学生创业的想法比较局限,大部分学生仅仅接触教育培训行业,接触的人脉资源较少,缺乏创业必需的人脉资源,处理社会关系时就会更加困难。

最后,参与体育艺术类课程学习的学生创业思维较单一。大学生创业活动大部分局限于教育培训,社会中教育培训非常普遍,仅仅依靠自己的专业技能来支撑创业活动是远远不够的,需要更多的创新思维与行动来促进创业活动的顺利进行。学生创新学习能力在创业能力中较好,但缺乏创新意识,习惯运用传统思维看待问题,思维有惯性,缺乏辩证的思维。因此,大学生要提高创新思维与发现机遇的能力,不要仅仅局限在培训行业,敢于打破常规与实践,进而在不断变换的社会市场中,找准位置,开展创业。

(三)创业环境因素的影响

创业环境会对参与体育艺术类课程学习的学生创业能力产生影响。首先，社会环境的多样性以及经济形势的复杂性是学生在创业道路上的严峻挑战，影响学生的创业能力。其次，社会舆论与态度会影响学生的创业能力。如果学生在计划创业活动时，周边都是议论与反对的声音，学生可能望而止步，不会选择创业；如果大力支持学生创业的态度，则会加大学生创业的可能性，增加学生创业的信心。最后，家庭环境会影响学生创业能力。学生的保守观念大多数来源于父母，当父母反对学生创业时，学生的积极性与热情就会被打消，我国就业形势越来越紧张，越来越多的工作岗位"万里挑一"，需求量大的岗位变成冷门，即使有意愿，学生也因为固守的观念在选择后又放弃。如果家庭在经济方面以及精神层面不能够予以资助和支持，对于学生创业者来言，必将会是一个非常大的打击。因此健康的创业环境有利于提高学生创业实践的机会，进而学生创业能力水平也会大大提高。

第四节　体育艺术类课程"五星级"教学模式对大学生创业能力培养策略研究

一、重视"双创"教育发展

在体育艺术类课程教学中融入"双创"教育，对大学生创业能力提升具有重要的观念引领作用。

(一)加强创新创业意识的培养

在对体育艺术类专业学生创新创业意识调查过程中，不难看出大部分学生缺少创新创业意识及实践主动性，表现出一副事不关己的态度，甚至有学生认为在校期间自主创业几乎不可能实现、创业会严重耽误学习。此外，资金问题也是创业很大的阻碍，学生不想再让父母为自己做更多的投入。

创新创业教育的顺利展开，首先应在思想上给予充分的重视，提高学生对创新创业的认知，了解创新创业的重要性，转变学生对创新创业的错误认识。

不管是高校领导、教师还是高校大学生,都需要提升自身创新创业意识,利用媒体和社会宣传,加大创新创业的宣传力度,积极宣讲创新创业教育改革的国家政策方针;主动宣教与创新创业相关的具体实施政策,包括从国家到地方人民政府及各大高校对大学生自主创业的一系列扶持计划。

(二)建立健全的"双创"教育体系

重新修订人才培养方案,将"双创"教育真正落实到人才培养的全过程,提升创新创业在专业教育中的重要性,为创新创业发展制定明确的指导意见。合理规划课程配置,将创新创业教育体系融入日常教学实践及教学评价体系。将创业基础课程与专业指导课相互配合补充、融合渗透;遵循课程之间循序渐进、环环相扣原则;加大与其他学科的交叉,达到相关技术专业理论、创新创业知识和经营管理知识的深入结合。利用课堂教学形式、实践教学模式、实践竞赛方式、建设实习实训基地、创建校园文化等多元化教学模式的教育与交流,进一步完善创新创业教育,做到真正服务于学生、惠及于学生。此外,不断加强师资队伍建设,提高教师的综合能力。学校应为指导教师提供各种学习和交流的机会,可以邀请一些创新创业教学经验丰富的专家来校内进行专业知识上的讲授,不断更新教学理念,创新教学方法,积极编写创新创业教材,为学生提供优质的创业指导服务。

(三)拓展创新创业形式的多样化

为了提升学生创新创业的参与度,高校应不断开拓创业的途径,整合现有和寻找新的创业资源,加强产学相结合,注重校内外创业相结合,丰富创新创业形式的多样化。

首先,高校定期举办创新创业知识系列讲座和主题论坛,邀请成功的创业人士或优秀毕业生向学生分享创业历程,传授创业经验,激发学生创业热情。引用成功的创业案例,帮助学生掌握创业技巧,具备创业素质,敢于并勇于创业。

其次,积极开设创新创业线上课程。学生可有针对性地根据自身的兴趣爱好和学习需求选择不同的学习内容。让学生们打开思维的框架去探索更多未知的领域,通过创新思维和创新教学方法,有针对性地培养学生的创新意识和创新能力,培养学生形成创新性、批判性思维。

再次,广泛开展与校外创业结合的活动,主动寻找创新创业资源,为学生提供创新创业的机会,并对创新创业项目给予重点扶持,创建优良的创新创业实践交流平台,进一步提升高校学生的创新创业意识和创新能力。

最后,搭建创新创业平台,创建实践、创业基地。发挥创业基地的孵化作用,可为学生提供创业信息资源共享与人才流动平台,加强对学生的理论培训,让学生对创业项目进行科学的数据分析,制订合理的创业方案,给予其指导意见和法律咨询。

二、优化课程设置方案

(一)确定创业培养目标

创业培养目标的形成包括以下两个方面。

1.激发学生创业意识

体育艺术类课程融入创业教育的目的是帮助学生树立的正确就业观念,激发和培养学生的创业意识,增强学生的创业能力和技能,从而提高创业成功率。创业意识支配着创业者对于创业的态度和行为,决定了创业者行为的方向和强度。培养创业意识,包括了认同创业价值、树立创业理想和激发创业情感,这当中以树立创业理想为核心。因此这一核心要贯穿体育艺术类课程教学中,要使学生认识到,创业是解决其就业问题的重要途径之一,转变就业观念,树立创业的信心和精神,并为此培养坚忍不拔的毅力,越挫越勇的精神。

2.提升学生的创业基础知识及基本技能

体育艺术类专业学生创业条件要求:一是丰富的专业知识,扎实广博的专业技能,这是创业的基础条件,也是学生创业的优势及特点。二是增加经营管理类课程,学生熟悉相关的商业知识、企业管理知识、法律法规知识。了解创业的流程,从识别创业机会、撰写商业计划书到创业培训、团队组建与管理,最终孵化企业、发展企业,从市场分析、市场营销、战略管理、财务到法律支持、政策支持、风险管理,提供每个环节涉及的、所需要的相关创业知识。这些都是学生需要了解的相关知识。三是夯实学生创业的整体能力。创业能力包括组织决策能力与人沟通合作的能力、自我管理能力,甚至是语言表达等各方面的能力。具备创业能力并不能决定创业一定成功,但是创业能力的强弱从根本上影响着创业成功与否和企业的长足发展。

(二)设置层级递进的课程模式

课程设置应该面向全体学生,使全体学生都具有一定的创业意识和创业能力。但是社会的需求和学生个体的差异性,不可能每个学生都能成为创业者。对具有良好的创业素质、具有开拓性的个性特征、具有正确的职业价值观、具有一定竞争能力的学生,实行普及型教育。对具备创业特质或创业意愿较强烈的学生,在普及型教育的基础之上再贯彻创业知识、创业技能、创业能力以及创业精神的培训。创业教育课程是创业教育活动开展的中介和载体,是实现创业教育目标的介质。从学生的现实需要出发,设置层级递进的课程模式(图5-1)。

图5-1 体育艺术类专业融入创业教育的层级递进课程模式示意图

因而,创业教育的目标分为两级,一方面面向全体学生,通过创业教育的课程,使全体学生都获得一般创业知识,具有创业的一般素质,包括对创业的正确认知、创业的一般能力等。这一部分的课程具体实施是通过现有课程的调整,加大课程中实践比例以及相应创业教育的开展。另一方面,对于有强烈意愿创业或者具有创业特质的学生,通过创业的课程奠定基础知识之后,再通过创业实践、实习等,对其进行有针对性的、个性化的精英教育。创业目标的分级,既有利于满足不同学生的不同需求,也有利于学校的有限资源达到有效配置。

创业教育预测模式最主要特点就是开放商学院、管理学院的创业类课程,如商业计划书、创业资本运营、全球创业、创业管理等基础知识类课程,这些课程的知识内容大多数较为简单,可以吸引更多的学生选择创业教育。

(三)课程的方案实施

首先,在课程的选择上,在全体学生创业教育阶段,侧重于通过第一课堂的形式使学生具备基本创业知识,激发其创业意识,在专业课教育中渗透创业思想,尽可能将专业知识与创业意识融合。辅之以第二课堂的校内创业活动,让学生在活动中领会创业,对创业有更深刻的认知。一方面,学生对创业有了清晰的认识后,能正确、客观地进行自我审视,不盲目创业;另一方面,对于不想走上创业道路的学生,能培养自我工作岗位的创造者的思想,使其具有良好创业素质,形成开拓性的个性特征,并在其工作岗位上得到创造性发展。

其次,在课程的实施上,课程的强化开设时间应该设在大三阶段。基础课程多在大一、大二阶段开设。因此,当学生具备一定的知识基础,对本专业有了较清晰的认识并且对创业问题的分析与看法更为理性、有深度时,再开设创业教育课程,有利于学生对未来职业方向的规划、对创业问题的理解。教学手段可以采用案例教学法、讨论教学法、情境教学法、问题教学法等。课程讲师不仅要具备普通教师的职业素质要求,还要具备创业体验、创业技能,甚至是创业经验的人才,可以聘请社会上有一定学术背景并且有创业经验的企业家或专业人士来教学和研究,这已经成为高校开展创业教育时师资建设的一大趋势。

(四)课程评价与融合

在课程评价上,既要关注课程本身价值的评价(内部评价),又要关注课程达到目标的实际情况(结果评价)。为评价主体多元化,评价的对象可以是学生、教师或学校,也可以是狭义的课程评价等。通过课程评价,衡量该课程的设置是否具备合理性、必要性,是否满足学生对创业知识的需求以及是否对学生未来发展起到促进作用。此外,还要衡量课程最终达到的目标是否与预期目标一致,对学生产生了什么样的结果,以此来判断课程的实施效果。

对创业课程与其他课程的融合要把握以下两点:一是理论课程与实践课程相结合。创业教育课程的设置既要注重培养学生的创业意识、丰富学生创业所需的知识结构和创业心理品质,又要重视培养学生的创业技能和能力,因此,应该把创业教育的理论课程和实践课程结合起来。二是创业教育课程贯穿专业教育课程并与之相结合,是实施创业教育的一个重点和难点。由于教材存在过时的现象,这两类课程的融合较为困难;对师资的要求较高。教师在授课内容、授课方法以及授课手段等方面需要较好的创新性、开拓性和灵活性,应尽可能地在专业教学中渗透创业教育的理念和思想,启发大学生把所学的专业知识与创业相结合。

三、体育艺术类课程提升大学生创业能力对策举例

(一)武术教学中提升大学生创业能力的对策与途径

1.完善政策支持,消除后顾之忧

开展武术教学的创新创业教学,要建立一套完善的培养模式和教学体系,进一步完善相关的教学保障措施,强化政策支持和资金保障,建立"双创"实践教学基地,构建创新创业孵化基地等。针对参与创新创业项目学习的学生,有针对性地给予一定的政策支持,为武术教学中的创新创业实践提供有效的基础支撑,解决武术教学创新创业能力培养模式发展中的阻碍问题,确保有创新创业意愿的学生能够接受更及时有效的"双创"教育。

2.搭建有效的创新创业服务平台

为促进"大众创业、万众创新",要积极搭建武术教学的创新创业服务平台;建立集资源整合、企业帮扶、合作交流、融资创业项目等于一体的综合性服务平台,学生利用平台共享经验、共享信息、共享资源,相互学习、相互帮助、相互带动,实现共同发展;推进学校的创新创业教育发展,推动武术专业创新创业教育,必须积极整合多方资源,成立武术创新创业学院;积极搭建武术创新教学实践平台,完善不同层次创新平台,依托各类创新武术大赛和武术创新性训练项目,不断完善和丰富高层次创新支撑体系;注重普及性、基础性创新服务,深入挖掘武术方向学生创新创业潜能。加强对武术学生科协等各类学生科技社团的指导,以社团活动为载体,通过群众性创新创业活动吸引学生。开展普适性和专业性科普武术"双创"项目,丰富课程教学体系。举办武术方面的基础学科创新竞赛,为每个学生提供展示创新能力的舞台。

此外,还要支持武术方向学生的创业成果孵化。通过开设创业课程、选配创业导师、设立学生创业基金、建设学生创业孵化基地等,为学生创业提供人、财、物和智力等方面的支持。开展"创行杯"公益创业大赛、"创业好声音"等创业实践活动。加强与企业合作,实施大学生创业协同孵化计划,创办孵化公司并协助完成企业注册。

3.构建完善的创新创业教育体系

当前,武术教学中开展创新创业教育工作,要以国家创新驱动发展战略为

依据,立足于培养具有实践能力和创新精神的高层次人才,努力打造集"创意培养—创新实践—创业孵化"于一体的"三创融合"创新创业教育体系。不断拓展创新创业培养渠道。以"众创式协同教学模式"企业创新创业管理课程,系统地培养学生创新创业素养。鼓励学生开展头脑风暴和创意碰撞,开办"创新讲坛""南湖论坛""创业先锋班",打造高低搭配的创新能力提升平台。定期举办"科学家精神"主题征文及演讲、"大学生创意节"等形式多样的活动,培养学生科学精神和科研素养。

学校要紧紧围绕"为谁培养人、培养什么样的人、如何培养人"这一问题,以立德树人为根本任务,深入贯彻国务院办公厅发布的《关于深化高等学校创新创业教育改革的实施意见》文件精神,将创新创业教育作为学校体育教学综合改革的战略重点,初步建立起较为完善的武术创新创业教育体系。学校要积极抢占"互联网+"时代先机,在建设"创新中国"进程中大展身手,通过紧扣国家发展战略,顺应时代发展需要,积极举办全国大学生体育产业创新创业大赛和活动。学校通过有效整合政府、企业和高等院校的优势资源,站在体育产业创新创业前沿,推进开展多样化、多层次的创新创业实践,引领我国体育领域的创新创业教育改革,提高体育产业人才培养质量。

4. 强化师资培训,提升"双创"教育质量

为进一步做好武术方向毕业生就业创业工作,提高学院就业创业指导水平。学校应就创新创业工作紧紧围绕学院内涵提升的目标,逐步建立健全就业创业组织机构,不断完善就业创业工作体系,积极推进校企合作协同育人,努力实现毕业生更好更高质量的就业创业;要注重"双创"师资队伍的建设,通过高水平的双创师资队伍建设,为学校的创新创业教育质量提升奠定师资基础。学校要积极为新创业教师搭建一个相互交流、相互学习的平台,这对提升教师创新创业教育能力将发挥积极作用。学校可以通过组织培训工作,让教师对"互联网+"大赛和创新创业教育有更为系统和全面的认识,促进"双创"指导能力得到进一步提高。

(二)健美操教学中提升大学生创新创业能力的措施

1. 丰富教学方法,营造有助于创新创业教育的氛围

课堂教学是培养学生创新创业能力的重要途径,教师主动讲、学生被动听的模式难以适应职业教育新常态发展的要求,因此高校要改变以往的培养专业健美操人才的单一模式,围绕创新创业人才培养目标,积极营造有助于激发学生创新创业能力的教学氛围。一方面,教师在健美操教学过程中要激发学生的创新创业思维能力。创新创业思维的形成必须依靠科学的教学方法。因此,教师应该按照学生未来创新创业的动力作为切入点,制定不同的教学方法。例如,有的学生倾向于开展健美操培训班,教师应加强对学生健美操教学能力的培养;有的学生倾向于健美操产业研发工作,教师可采取科学的方式引导学生树立发散性、创新性的健美操思维。另一方面,教师要创新教学模式,积极地采取小组合作的模式,激发学生的创新创业能力。

2. 更新教学理念,树立创新创业教育

健美操是深受大学生喜爱的运动项目。长期以来高校健美操教学仍然局限于教师示范讲解、学生被动学习的模式,导致学生的自我编排能力不足,缺乏发散思维。而创新创业教育在高校健美操教学中的融入首先要求教师改变传统的教学理念,树立创新创业的教育思维。一方面,教师在教学中要紧紧围绕学生的学习需求开展教学,学生学习健美操的需求目标不同,有的学生可能是为了塑造良好的体型,有的学生可能是为了掌握健美操的动作等。因此,教师在具体的教学中要围绕学生的需求,结合其未来工作岗位的要求开展健美操教学。另一方面,教师要懂得"放权",为学生营造开阔、自由的学习环境,鼓励学生进行自我编排健美操动作;教师还要为学生提供不同的平台展现健美操,这样对于学生的创新思维能力、实际操作能力以及表演能力都具有很好的促进意义。高校管理者是高校健美操教学理念形成的重要引导者,因此,高校的管理者也要形成正确的教育观,树立创新创业的教育思维。如果高校管理者忽视对健美操教学工作的支持,那么健美操教学就难以得到发展,对于培养学生创新创业能力的教学目标也就很难实现。

3. 以创新创业教育导向,增设实践教学

当前高校健美操教学内容主要是按照传统教学大纲开展的教学,内容较枯燥,学生的学习兴趣不足。根据调查,高校健美操教学仍然是传统的几套动作,缺乏流行元素的引入,因此在创新创业教育背景下,高校教师在教学内容上必须进行改革。首先,教师要突破传统教学大纲的束缚,大胆地采用流行的舞蹈动作,吸引学生的注意力。例如,针对当前网络中所流行的各种新式广场舞热现象,教师应该鼓励学生自我编排积极健康的健美操动作,以此调动学生的学习积极性。其次,在健美操教学中,教师要积极引入体育产业文化知识体系。

健美操教学中培养学生的创新创业能力的关键要让学生接触实践岗位的要求，缩短学生与企业之间的差距，因此，教师在教学中要有目的地引入实践教学，将体育产业发展战略引入到教学中，让学生形成体育产业价值思维。例如，教师可以组织学生到健美操培训学校进行调查与学习，这样不但可以达到健美操学习的目的，而且有助于学生对健美操市场价值形成的正确认识，提高学生的自我创业意识与能力。最后，教师要不断创新教学内容。健美操具有时代发展特征，随着时代的发展、人们审美意识的不断增强，健美操的动作姿势等也应不断变化。因此，教师在高校教学中必须不断地创新教学内容，通过教学内容的创新培养学生的创新思维。

4．把握微时代特点，优化创新创业能力提升条件

（1）构建网络交流平台，为学生创新创业能力的培养提供保障

及时了解与掌握大众健美操运动的发展动态，是提高高校健美操教学社会实用性的必要条件。因此，高校健美操组织应积极主动地与社区、大众健美操团体及健身俱乐部建立起网络交流平台，以精准掌握大众健美操的发展需求，进而给予学生及时的技术支持与帮助。网络平台的形式应突出多样性，如微信群、QQ群、网上俱乐部、专题网页等。健美操参与者可以根据自身的发展需要来选择与之相适应的交流平台。这有助于提高网络交流平台的普遍适应性；同时，大学生通过对交流平台信息的反馈与整理，来设计适合于大众健美操运动的动作编排，在实现技术创新、内容创新的基础上，到对大学生创新创业能力的培养。

（2）组建学生大众健美操网络辅导团队，为大众健美操提供技术支持

相对于大众健美操参与者而言，不同类型的健美操可满足其不同的学习与参与的需求。对此，组建多元化的大学生大众健美操网络服务团队，可以为不同需求的学习与参与者提供相应的技术支持与辅导。具体的操作形式包括组建相关的微信群、QQ群，针对大众健美操参与者的健身需求，设计出适应性与实效性并存的微视频、微教材，通过开展"微课"教学、线上教学来给予精准式辅导。另外，大学生健美操网络辅导团队还应与社会健身俱乐部建立合作关系，担任网上健美操教练，采用网上约课或定时教学的方法，直接参与俱乐部健美操教学活动。这不仅能够有效提高高校健美操教学与网络技术的高度融合，而且对大学生的创新创业能力也具有突出的培养作用。

5.构建多元化考核模式,增加创新创业能力考核比重

传统的高校健美操教学考核,主要是由教师对每位学生的健美操动作进行单独的考核,这样对一部分学生而言比较有利,因为他们只需要严格按照教师的示范动作进行排练就可以,但是不利于那些富有创新精神、敢于挑战新动作的学生。针对该问题,本着培养学生创新创业能力的角度,高校必须改革考核模式,建立多元化考核体系,改变以往以期末考试为唯一考核标准的模式,将学生在课堂中的表现、健美操编排能力以及期末考试的成绩相结合进行考核。其中,对学生创新能力的考核分数要占学生全部分数的50％以上。

第六章 基于"四种能力"培养的
体育艺术类课程评价模式的研究

第一节 体育教学评价基本概述

一、体育教学评价的概念

简单来说,体育教学评价就是对体育教学活动的价值及优缺点做出评价。在评价时,必须以一定的教学目标和相应的标准作评价依据。体育教学评价是在系统的调查和分析的基础上进行的。学校和体育教师以教学评价结果为依据,合理地调整体育教学过程中的各个环节。有学者将体育教学评价定义为,按照一定的教学目标,运用科学的教学方法,依据相应的评价标准,对体育教学的过程和结果等给予价值评判,其目的在于为改进体育教学的质量提供相应的信息和依据,最终实现学生的全面发展。还有学者认为,体育教学评价是依据体育教学目标和评价原则,对"教"和"学"两个方面进行的价值判断和测评。通过上述学者的观点可知,体育教学评价是对结果和过程的价值判断,既包括对体育教师的评价,也包括对学生的评价;还包括对教学活动的目标、内容、手段、方法等方面进行的评价。评价的重点在体育教学的质量和学生的学业成就这两方面。

体育教学评价的具体内容包括"教"与"学"两个方面。在体育教学过程中,学生的学习能力、学习态度和学习成绩等方面的变化,在一定程度上反映了体育教学的效果。对体育教学活动的结果进行评价和分析是对上述内容的评价和分析。对体育教学活动的结果进行评价和分析也是体育教学评价的重要内容。总而言之,体育教学评价既包括对体育教师的各方面工作、能力和态度的评价,也包括对学生的学习能力、学习效果和学习态度等方面的评价。本书侧重于学生各方面的评价。

二、体育教学评价的类型

除了过程评价和结果评价之外,按照不同的分类标准,还可以将体育教学评价分为多种类型。

(一)以评价分析方法为依据进行划分

以评价分析方法为依据进行划分可将体育评价分为定性评价和定量评价两种。

1. 定性评价

定性评价侧重于对"质"的分析,是对优劣程度的评判,一般用评语或符号表达。

2. 定量评价

定量评价,是指从"量"的角度进行的分析,通过采用多种方法获得相应的资料和数据,然后做出客观、精确的评判。

(二)以评价功能为依据进行划分

以评价功能为依据进行划分可将体育教学评价分为诊断性评价、形成性评价和总结性评价三类。

1. 诊断性评价

诊断性评价是指以了解学生学习基础及查明制约学生学习进步的原因为目的而进行的有针对性的检测和评价。诊断性评价包括:确定问题和缺陷,确定学生在学习中是否存在困难,造成困难的原因有哪些,以及对学生优点、禀赋、特殊才能等的识别。

2. 形成性评价

形成性评价是指为了使体育教学效果更好而对学生学习过程与阶段性结果进行的检查和评价。它在一个新的体育教学方法实施后,或一个新的体育教学内容初步完成后,或一些新的身体锻炼手段使用后进行。

3. 总结性评价

总结性评价是指在一学期或教学阶段结束后对学生的学习结果进行的检

查和评价。检查和评价学生的体育知识、身体活动能力和技术技能取得了什么样的结果。总结性评价注重的是"教"与"学"的结果。

三、体育教学评价的特点

体育教学评价在总体上,以及目标、方法、目标等方面都具有鲜明的特点,具体包括以下几个方面。

(一)评价结果具有动态性和过程性

体育教学改革处于不断更新与发展中,体育教学评价对结果较为重视,对体育教学过程的重视程度也相对较高。一切体育教学活动都服务于体育教学目的,体育教学评价也不例外。具体来说,在评价过程中,要看这一过程是否有利于达到预定的教学目的,能否取得良好的效果。在评价取得结果后则要对取得这一结果的方式、手段与过程进行全面、充分的分析。

随着体育课程的改革发展,体育教学评价开始重视体育教学过程和教学结果。体育教学评价以对学生体育学习全过程的考查为核心。教师对学生在学习过程中所表现出来的不足之处进行科学的分析和指导,对学生在学习过程中表现出来的优点予以肯定,为学生制订和改进计划提供一定的帮助,并督促学生实施,使学生在体育学习过程中不断发展与完善自己。

教师要对学生学习过程中的变化给予密切关注,对学生日常的学习与发展高度的重视,对学生及时给予相应的评价。教师不断通过口头评价的方式及时评价学生在学习和参与体育锻炼的过程中的表现,能够有效地激发学生对体育学习的积极性。有利于教师与学生交流的加强,使学生能够及时了解自己的优点与不足,从而更有效地达到体育课程的要求。通过记录体育学习过程,学生能够对自己的学习过程有更加详细的了解和认识,并及时发现自己的问题。通过记录的方式进行自我评价,能促进学生自我评价能力的有效提高。将学生的平时成绩与期末成绩相结合,要在体育教学评价中各占一定的比例,使学生和家长不再只关注期末考试成绩。这些做法很好地体现了体育教学评价精神,并且真正做到了"以评促学,以评促教,评教结合,教学相长"。

(二)评价主体具有多元性

随着课程的深入改革,作为体育教学评价主体的学生不再处于消极的被动状态,而是积极主动地参与体育教学活动,这充分体现了学生在教学评价中的主体地位。把体育教学评价变为学生积极参与、自我反思和逐步发展的过程,教师与学生相互理解、相互支持以形成平等、积极的评价关系。这对学生和评价的过程进行有效监控以及学生认同评价结果都将是较为有利的,并能促使评价主体不断改进,从而获得积极主动的发展。学生、家长积极参与体育教学评价活动,使教学评价变为多主体共同参与的教学活动,会更加突出体育教学评价工作的效果。在体育教学评价中,只有重视评价主体的多元化,才能将学生的发展状况更加全面、准确地反映出来,对学生综合素质的发展起到更好的促进作用。

以往的体育教学评价采用的大多是以管理者为主的单一评价模式。对于评价,学生的态度是消极被动的。评价在一定程度上给学生的心理造成相当大的压力,从而导致其畏惧评价,甚至产生逃避评价的心理。正是由于被评价者没有积极参与,导致评价者往往不能准确地发现问题,使评价的发现和改进作用不能得到很好的发挥。由此可以得出,教师、学生、家长、管理者共同参与的评价,才是科学的、正确的评价。学生成为评价主体中的一员,这对教师和学生之间互动的加强、学生主体地位的提高都是较为有利的。

(三)评价方法具有多样性

在体育教学评价中,由于受评价技术和评价方法以及其他因素的制约,每一种评价方法都有特定的适用范围和优缺点。所以说,没有一种体育教学评价方法是万能的。这就要求教师在体育教学评价过程中以实际需要为主要依据,合理使用评价方法进行综合评价,从而达到公正、客观评价的目的。比如,教师可以通过成长资料袋对学生潜在的发展状况有一个持续的了解,可以通过仔细观察对学生思想观点的变化进行了解,等等。教师应将各种评价的优势作用充分发挥出来,使学生的积极主动性得到很好的激发和发展,实现体育教学评价的公正化与客观化。

(四)评价目标具有发展性

体育教学活动以体育教学目标为根本出发点和落脚点。体育教学目标将体育教学主体的价值观念集中体现了出来,它也是评价体育教学活动成效的基本依据。传统的体育课程评价体系是以运动技能为核心的教育价值观,即体育教学活动的出发点就是对运动技能的掌握。这种认识上的误区会对课堂教学训练化的结果产生直接的影响,从而使体育教师在课堂上只重视运动技能的传授,而将学生的健康、体育兴趣、态度、能力、情感等其他方面的发展忽略掉。当前,已逐步确立起以促进学生人格和谐发展为核心理念的文化价值观,这种价值观逐渐发展为社会普遍关注的、有前景的文化价值理念。这一理念使得体育教学评价的目标开始注重以人为本,在关注学生当下表现的同时,也开始高度重视学生未来的发展,将促进学生的长远发展与学生综合素质的提高视为体育教学评价的主要目的。

四、体育教学评价的结构和内容

将"评价什么"和"谁来评价"这两个体育教学评价的主要要素作为横轴和纵轴做一个象限,可以得出"体育教学评价的结构和内容图",如图 6-1 所示。

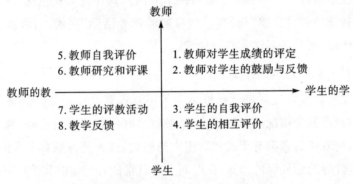

图 6-1 体育教学评价的结构和内容图

如图 6-1 所示,教学评价主要由四大类(八小类)组成,如果加上其他非主要性评价(如家长对学生的评价)等,应有五大类教学评价,这些评价都与体育与健康课程的教学评价有关。

1. 教师对学习过程的评价

教师对学习过程的评价是体育教学评价中的传统评价方式。评价的主体是最有经验的教师,而评价的对象是最能反映教学效果和体现教学过程的学生。因此,这种评价一直受到人们的重视。这种评价包括"教师在学习过程中对学生的激励评价"和"教师在学习过程结束后对学生的体育成绩评定"两种评价形式。

2. 学生对学习过程的评价

学生对学习过程的评价是新的教育理念和新的体育与健康课程标准都提倡和重视的评价。这种评价包括教学过程和教学效果两个方面,其主要形式有学生的自我评价和学生间的相互评价两种。这种评价有利于培养学生的自我反省的意识和客观评价的态度,具有特殊的教育意义。这种评价有助于学生的民主素养的形成,有助于培养学生正确地行使自己的民主权利的能力,还有助于学生在评价实践中不断提高观察事物和分析问题的能力。但是,这种评价应从学生年龄的实际出发,当学生年龄过小时不宜使用这种评价。所以我们既要重视学生的评价,又不能完全依赖学生的评价。

3. 学生对教学过程的评价

学生对教学过程的评价也是现代教育理念非常提倡和重视的评价方式。这种评价包括对教学过程和教学效果两个方面。其评价形式包括"学生在学习过程中对教学的随时反馈"和"有学生参加的评教活动"两类,前者通常是非正式的评价活动,而后者是正式的评价活动。

4. 教师对教学过程的评价

体育教师对教学过程进行评价是为了不断提高教学质量。其评价形式包括"教师对自己教学情况的自我评价","教师之间的相互评价活动"两类。在评价活动上,前者和后者都有正式和非正式的形式,在人员方面有个人的、体育组内的、校内督导的和校际的形式,在时间上有日常的和特定时间的形式等。

5. 其他评价

其他评价是指非教师和学生对体育教学的评价,如家长对学生体育学习的评价。国外的家长教师联合会(PTA)对体育教学的评价就属于这种评价。由于这种评价的主体既不是体育专业人员,又没有参与体育教学过程。因此,这种评价只能作为一种辅助性和参考性的评价。

五、体育教学评价的标准

体育教学评价标准是对体育教学质量要求的具体规定。标准定得是否合理,对评价工作的效果有很大影响,关系到整个体育教学评价工作的科学性和方向性。为了使体育教学评价达到预期目标,对体育教学活动起到应有的作用,进行评价工作时必须确定合理的评价标准。

(一)制定体育教学评价标准的依据

1.教学评价标准的设计要考虑社会对体育教学的要求

体育教学是一种社会现象,受社会的制约,并通过培养身心健全的人来推动社会的发展与进步。社会对体育教学的要求具体体现在《体育与健康课程标准》及《体育与健康教学大纲》中。它们对人才的标准和体育教学都做出了规定,是制定体育教学评价标准的依据。因此,深入研究《体育与健康课程标准》和《体育与健康教学大纲》,尤其体育教学目标的研究是制定体育教学评价标准的前提。

2.教学评价标准的制定要以相关教育学科知识为基础

教育学科是揭示教育教学规律的学科,体育教学活动只有以教育学科为指导才能取得好的效果。体育教学评价必须理论与实际相结合。如果没有相关的理论知识,评价活动就不能很好地进行,更不能很好地指导教学实践。例如,如果没有掌握教学的本质、教学原则、教学规律、教学方法等理论,就不能制定出科学的评价标准,更不能科学地指导体育教学实践。

3.评价标准要考虑被评价者总体的状态和水平

教学评价本身不是目的,而是使教学达成预期目标的手段,即通过评价发现教学中存在的问题,并提出解决方案。因此,制定评价标准时,要考虑到被评价者总体的状态和水平,评价才具有有效性。如果评价标准过高,则可能使被评价者因为无法达成目标从而降低学习的积极主动性;如果评价标准过低,则可能导致被评价者产生盲目自大的情绪,不能及时的发现并改进问题。

(二)体育教学评价标准的结构

体育教学评价标准的结构是指体育教学质量评价标准的构成体系,又称为"指标体系"。一般来讲,体育教学评价标准由以下三部分构成。

1.效能标准

效能标准包括效果标准和效率标准两部分。

效果标准是从工作效果的角度确定的教学评价标准。体育教学效果标准一般从三个方面来考虑:一是体育基本知识、基本技术、基本技能掌握标准,主要考查学生在体育教学中掌握体育基本知识、基本技术的数量与质量;二是能力发展标准,在体育教学中,要把发展学生的智力、个性,培养学生参加体育锻炼的能力、习惯放在重要的位置;三是思想品德教育标准,即将思想品德教育融入体育教学。

效率标准是根据产出与投入的比例来衡量工作成果的教学评价标准。在体育教学评价方面,效率标准是指评价活动要考虑"教"和"学"的时间因素,即在规定的时间内,体育教师是否根据教学大纲要求完成了教学任务,以及学生在思想、体育知识、技术、技能的掌握、促进健康等方面是否达到了应有的水平。

效果标准与效率标准既有相近之处,又有区别。效果标准是根据预期目标考查工作成果,不考虑投入的人力、物力和时间。效率标准教学评价的最根本的标准是把人力、物力、时间的消耗与成果联系起来考察,可以使体育教师重视工作效率,提高教学成果。在体育教学评价中,应把效果标准和效率标准结合起来。

2. 职责标准

职责标准主要是根据评价对象所承担的责任和完成任务的情况进行评价。在评价体育教师的教学工作时,首先要看备课的质量,主要包括:对体育教学大纲钻研的程度,对学生是否了解,对教材的重点、难点是否明确,对教案的编写、场地器材的布置是否合理,等等。其次要看教师上课的质量,主要包括授课内容是否科学,教学目的是否明确,重点是否突出,方法、手段是否有效,语言是否清晰,示范动作是否正确、优美,等等。最后要看教师教学过程是否贯彻了体育教学原则的各项要求。如果贯彻了正确的体育教学原则,则教学过程必然产生很好的体育教学效果;反之则教学效果差。

职责标准可以增强教师的事业心和责任感,使教师关心"教"或"学"的全过程。

3. 素质标准

素质标准是从承担各种职责或完成各项任务应具备的条件角度提出的标准。例如,作为一名合格的体育教师应有比较渊博的体育专业知识,懂得教育教学规律,有科学的世界观和高尚的道德品质,热爱体育教育事业并有强烈的事业心和责任感。这些都是一名体育教师应该具备的基本素质。

综上所述,体育教学活动是复杂的教学过程。体育教学评价中的素质标准反映了对体育教学系统中各部分素质的要求,对创新体育教学起着决定性作用;职责标准反映了体育教学系统中各部分的职责要求,主要是促进体育教学活动的创新;效能标准是对体育教学系统运转效果和效率的要求,是素质标准和职责标准功能的反映。这三个部分既相互独立,又统一,其中核心是效能标准,特别是效果标准。具体的评价标准有时偏重效能标准,有时偏重素质标准,有时偏重职责标准,具体要根据实际情况来确定。

第二节　高校体育教学评价现状与创新策略

一、高校体育教学评价现状分析

(一)传统评价观念不适合现代体育教学理念

从《学校体育工作条例》到《中共中央　国务院关于深化教育改革　全面推进素质教育的决定》,再到《全国普通高等学校体育课程教学指导纲要》一系列文件的印发,均表明了国家对体育教学质量的重视。我国现有的体育教学评价是在传统的教学评价基础上产生的,其评价观念必然受到传统教学评价的影响。例如,在传统的教学评价中,学生的期末考试结果在评价中占很大的比例,是衡量教师教学质量的重要标准。但是,体育教学的目标是促进学生的身心健康,增强学生的体质,仅仅用期末考试的结果作为衡量教师教学质量与学生学习质量的标准,则评价具有片面性。在这样的评价中,如果学生期末考试的成绩不合格,那么教学质量就是不合格的,学生的学习也是不合格的,并没有全面地对学生进行评价,这与当前体育教学观念中强调提高学生身心健康的理念不相适应。

(二)对体育教学评价目的认识不足

各高校建立体育教学评价都有着共同的目的:一是更好地了解和掌握学生在体育教学中的学习情况,使体育教师能够更好地进行教学工作;二是发现具有不同潜质的学生,使他们能够找到更适合自己能力提升与发展的教学课程;三是不断提升学生的自我认识能力和教师的教育能力,使师生在教学中进行有效沟通,达到共同进步的目的。但是,在各高校的体育教学评价的实践中,部分体育教师认为体育教学评价不会对学生产生任何影响,对学校教学评价的重视程度不够。而且部分学校的学生对体育教师教学质量的评价是在体育课程结束之前进行的,此种情况无疑会使评价结果的公正性受到影响。

(三)传统评价方法已经不适合现代体育课程

1.评价方法简单

各个高校的体育教学评价主要采取的是定量的考核评价,通过量化的指标对学生进行一次性评价,并没有采取多样化的评价方法。这种考核评价得出的结论评价,会对学生产生不利影响,忽视了教学过程中学生的表现,不能及时对出现的问题进行处理,不利于教师的教学工作,更不利于发展国家倡导的素质教育。因此,各个高校对于体育教学评价的构建应采取多样化的评价方法。

各高校普遍采取的体育教学评价方法是定量评价,超过一定的标准就可以得到及格、良好、优秀的学习成果的评价。但是,这种简单的评价方法很可能会对学生产生一些不利影响,而且忽视了教学过程中学生的表现,也不利于教师的教学工作的开展,不能对出现的问题进行及时有效的处理。

2.评价标准使用范围较小

缺乏普遍被各高校在体育教学中采用的评价标准。省内各高校的体育评价标准各不相同,更不用说在全国范围内所采用的评价标准了。这就造成各高校之间很难进行横向比较,不利于分析全国范围内的学生的身心素质情况。

3.缺乏科学性

评价方法缺乏科学性,忽视了广大学生能力与情感方面的影响因素。因此,评价体系应该综合多方面对学生进行评价,以保证其科学性。

(四)体育教学评价内容简单、不科学

当前的高校体育教学评价工作受到传统教学评价的影响较大,因而评价的内容相对落后。在当前高校体育教学的评价过程中,内部小学科的联系性不强,除了对学生的体能素质进行评价之外,缺少对学生其他方面素质的评价,这就使高校的体育教学评价工作出现了"重结果,轻过程"的现象,给高校体育教学评价工作的开展带来阻碍。

(五)评价主体不够清晰

对高校体育教学工作进行评价的主体包括高校的领导、体育教师和学生。

在当前高校体育发展形势下,立足于高校学生的角度对高校体育教学工作进行评价,是至关重要的。在当代教学工作中,学生才是教学活动的主体,充分发挥学生在体育教学评价中的主体作用,能够很好地促进高校教学工作的发展和进步。

二、高校体育教学评价的创新原则

(一)科学性原则

要对高校体育教学评价进行创新,就必须建立一个完整的整体评价指标体系,使评价体系可以将评价目标的要求全面地反映出来。指标的选择应遵循教育的一般规律,即科学性原则,确保指标体系内的各个指标之间能够保持相互独立,同一层次的各项指标之间既不存在因果关系,也不存在重叠关系(包含和被包含)。在此基础上,对评价体系进行科学的构建,制定的评价指标要能够将体育教学的效果充分反映出来。

(二)可行性原则

体育教学评价的各项指标都要与体育学科的特点和学生的身心发展特征相符合,所制定的标准需要满足基本的可行性要求。在制定法评价目标和指标体系之前,应系统地调查与分析我国高校体育教学现状,深入了解当前我国体育教学评价的现状,对存在的问题与不足进行分析。此外,对于体育教学评价中的优势也要予以积极的肯定。

(三)客观性原则

对现阶段高校体育教学评价进行创新,离不开相应的评价理论的科学指导,而且要以我国高校体育教学状况为基础,对体育教学评价中相关因素进行全面、系统、客观的分析,使评价体系的构成要素具有一定的客观性,从而更好地促进体育教学效果的提高。在进行体育教学评价的过程中,遵循客观、公正、合理的原则,客观地评价教师的"教"和学生的"学"。

(四)全面性原则

开展体育教学评价工作时,要对学生进行全面性考查与综合性评价。因此,教师要收集评价指标中各个指标的信息,然后对各个信息与要素都进行全面的分析,并做出相应的评价。

(五)导向性原则

对体育教学评价标准进行制定,既要使其能够对体育教学发展的方向进行指导,并对开展体育教学活动有积极的影响;又要能将体育教学评价的导向功能充分发挥出来,及时反馈信息,以便进一步促进教学质量的提高。教育评价是为了提高教育质量而开展的工作,而提高教育质量的主要目的在于促进学生的全面发展。体育教学评价,不仅有助于教师发现并解决体育教学活动中存在的问题,还为教师教学工作的开展与改进提供科学的意见,为学生的学习提供积极的指导。

(六)可比性原则

体育教学评价的各项指标都必须能够反映评价对象的不同属性,并具有可比性,即每项指标作为具体目标,能用具体可操作的标准对其进行界定,能通过使用一定的评价方法对其进行观察和了解,并得出明确的结果。需要注意的是,高校应尽量简明地设置评价指标,以确保指标的可操作性和可比性。

三、高校体育教学评价的创新策略

(一)树立新的体育教学评价指导思想

现阶段,在素质教育的实施过程中,体育教育改革与发展的实现离不开科学的体育教学评价,体育教学质量的提高也离不开体育教学评价工作的开展。

新的体育教学评价标准应重点强调学生在体育教学评价中的主体作用。第一,关注学生的学习,促进学生的全面发展。第二,强调教学内容与学生生活之间的联系及现代社会和科技发展之间的联系。第三,积极倡导主动、合作、探究的学习方式,促进学生充分发挥自己的主观能动性,形成科学的价值观。第四,注重对学生创新精神与实践能力的培养。

(二)构建多样化的评价方法

1. 教师评价与学生评价相结合

传统的体育教学评价只是单一地采用教师对学生的外在评价,即教师按照锻炼标准、体育课的评分标准对学生进行测试和评分。较为科学、合理、公正的体育教学评价形式:在对学生的学习成绩进行评定时,既要有教师从外在对学生进行的评价,还要有学生对自己的学习情况进行的评价,以及学生间的相互评价。

一方面,学生是教学目标的实践者。对于学生亲身体验的内容,他们自己最有发言权,特别是那些无法定量表现的内容,包括情感、意志、态度、兴趣等,都是外在不易显露的心理倾向,只有学生自己才能获得真实的评价。

另一方面,学生只有真正地认识自己、了解自己,才能提高自己。所以,学生相互评价和自我评价的过程是学生对自己学习行为负责、自我调控的过程,能让学生在体育教学评价中学习技能,掌握学习的方法。

因此,进行体育教学评价,应把评价的主动权交给学生,采取教师评价、学生互相评价和学生自我评价相结合的方法,根据不同的教材内容,灵活地选择不同的评价方法。

2. 能力评价与情感评价相结合

体育教学评价的功能表明,合理的评价方式可以把学生的体育知识、能力、情感和动作技能等形成的评价有机地融为一体,并有效地改善教学活动,丰富课堂教学内容,提高课堂教学效率。传统的教学评价模式忽视了学生丰富的思想和情感,只重视评价学生的体育能力,如动作掌握情况、成绩标准、等级状况等,而忽视了对学生情感领域的评价。学生的体育能力和成绩是可见的、可测的,对这方面的评价容易操作,但对学生思想和情感进行评价却要复杂得多。大量的教学实践表明,积极的情感评价和沟通能够促进学生对体育知识的掌握和运动技能的形成与提高,促进学生身心健康发展。因此,在体育教学评价中,建立起对学生态度、情感、能力、成绩并重的多维立体的评价体系、评价方法和评价标准,科学地评价学生体育学习的表现,把评价的焦点从学生体育能力扩大到学生的参与状态和情绪状态等情感领域。教师在教学评价中要以人为本,将体育能力评价与情感领域评价相结合,以鼓励性评价为主,通过情感领域的评价,调动、发挥学生非智力因素的作用,促进体育教学效率和质量的提高。

3. 整体评价和个别评价相结合

由于学生存在个体差异,有些学生单凭身体条件优势就能取得优异的体育成绩,而有些学生通过努力也达不到理想的成绩,体验不到成功的喜悦,逐渐失去了对体育的兴趣。所以,在整体评价的基础上,还要考虑学生个体的差异性,根据每一个学生的特点进行评价,改变"千人一面"的评价方法,使不同的学生都能"各有所长"。例如,将体育成绩的提高量作为评价的一个重要标准。学期初,设立原始成绩;学期末,测定成绩,计算学生成绩提高的幅度,结合其他评价指标得出最终的体育成绩。再如,根据学生的身体素质、运动能力、体质状况和自我要求等要素,综合分析后将学生分类编成 A、B、C 三组;将三组的难度从整体上分为难、较难和适中,要求 A 组、B 组、C 组学生完成任务的难度依此降低。这样,表面上三组之间差距较大,但由于评价的尺度有差别,各层次的学生完成的学习任务在难度上基本处于同一水平,使得体育教学评价更加科学合理。学生无论身体素质好坏,只要通过努力,使成绩有一定程度的提高,就有机会体验成功。因此,体育教师要引导学生树立正确的体育意识。

4. 过程性评价和终结性评价相结合

终结性评价是我国各级学校体育教学普遍采用的成绩评价方法。由于这种"一锤定音"的评价方式往往是在阶段学习或学期、学年结束时进行的,在很大程度上失去了评价的反馈功能,对激励学生学习、帮助教师改进教学的方法和提高教学效果成效不大。目前,世界上很多发达国家已普遍采用过程性评价。过程性评价着眼于学习的整个过程,通过各种评价方法和工具,经常对学生的学习态度、情感表现、技能掌握程度、体能锻炼效果等方面进行评价,并将评价结果及时反馈给学生,以便学生在这些方面及时得到强化。从教育心理学的角度来看,大量研究结果表明,学生及时了解学习的结果,包括看到所学知识在实际应用中的成效、进步的幅度等,均可成为激发学生进一步努力学习的动机。对学生学习结果的肯定本身就是一种鼓励,能使学生产生或强化学习动机。也就是说,学生了解自己的学习成效,看到自己的进步,能够在学习态度和方法上加强,激起自己进一步学好的愿望,同时通过不断的反馈能了解到自己的不足,激发上进心,并采取有效的措施解决存在的问题。终结性评价简便易行,而过程性评价比较烦琐,不易操作,但过程性评价更有助于学生的学习和进步。所以,在体育教学评价中,应该将过程性评价和终结性评价有机结合起来。

5. 量性评价与质性评价、行为评价与心理评价有机结合

量性评价固然有很多优点,但在体育课堂教学中使用该评价方式,容易使复杂且又丰富的体育课堂教学过程过于简单化和格式化。而在体育课堂教学中采用质性评价方式进行评价,对于复杂且丰富的课堂教学过程而言更为有益。该评价方式对体育教学过程中完整而真实的表现(如原有基础、个体差异、

参与程度、提高幅度等)有突出的强调作用,不仅对认知层面进行考查,还对行为层面进行考查。从发展性评价的角度看,结合使用量性评价与质性评价两种方式对于提高体育教学评价效果更有意义。结合这两种评价方式,能够给质性评价提供数量化、趋势性的参考。

在体育教学评价实践中,不仅要对容易量化的内容的定量测评(体能、技能的测试)予以重视,还要对难以量化的内容的定性评价(实践能力、创新能力等指标的评价)予以重视。这也是体育教学评价的一大难点。此外,还要重视对行为评价与心理评价的综合采用。体育教学评价是一个价值判断的过程,其过程较为复杂,它不仅具有具体、直观、外在等方面的特性,还具有一定的抽象性、间接性、内在性。体育教学评价只通过某个指标(量表)难以在对学生的行为表现方面进行观测判断的同时,又对学生的心理倾向和行为特征方面进行客观评价。虽然将心理评价内容加到体育教学评价体系中使得评价的难度增加了,但在实践中进行心理评价有很重要的意义。

(三)建立全方位的评价内容

传统的体育教学评价内容相对单一,不能适应当今体育教学评价的内涵与要求。所以在新型体育教学评价中,体育教学评价的内容应该反映时代的精神与要求,并且必须从当代素质教育对教学的需要出发。体育教学评价的内容在原有的基础上还应该包括教学过程中教师的授课模式、应用现代教学设施的情况、课堂的管理等方面,依据各个评价指标在教学评价体系中的不同重要程度设置不同的权重,以达到最佳的综合评价效果。在此基础上,体育教学评价的内容要从传统的教学模式向多元化的方向发展,不仅需要对学生的技能考核,还需要对学生的学习态度、协作精神、对体育运动的认知情况等方面进行评价,对评价结果进行分析和反馈,使学生的身心得到全方位的发展。

(四)重视激励的作用

各高校的运动场上都有众多参与运动的人员,这证明学生对体育运动的喜爱。但是,当对学生体育课程喜爱程度进行调查时,却出现了相反的结果,很多热爱运动的学生并不喜欢学校的体育课程。分析发现,在体育教学评价中,教师很少会对表现优异的学生进行表扬,也就是很少激励学生,这使学生渐渐失去了对所学课程的兴趣。学生在篮球运动场上的一个进球会带来欢呼声和呐喊声,而在课堂中的良好表现却无任何激励,这会降低学生学习的积极性,进一步降低教师教学质量。因此,新型体育教学评价要重视激励的作用,要善于发现学生身上的亮点,对其良好的表现进行表扬或鼓励。

(五)充分发挥学生评价的作用

在体育教学评价中,无论是对教师进行评价还是对学生进行评价,都应充分发挥学生的主体作用。教师进行相互听课、评价时,基于同事之间的情感,可能无法将一些存在的问题直接反映出来,这样不利于教学质量的提高。此时,学生评价就能很好地发挥作用了。高校体育由于教学体制的原因,每个年级都由不同的教师任教;即便每个年级由相同的教师任教,但是由于学生选择课程的多样性,学生在不同的学期都由同一位教师任教的情况基本不会发生。学生在评价时没有心理负担,所做出的评价就更具有公正性、真实性。

第三节 基于"四种能力"培养的体育艺术类课程多元化评价模式构建研究

一、高校体育教学多元化评价模式构建的意义与途径

长期以来,高校体育教学评价存在着评价内容单一、评价形式不科学、评价结果无法真正体现学生学习情况等问题,这些问题不仅极大地影响了体育教学评价的公正性,而且可能会造成学生学习积极性的挫伤。传统的体育教学评价模式不关注学生是否已经"会学",而只关注学生是否已经"学会",重视"授人以鱼"而轻视"授人以渔"。从这个角度来看,高校体育教学改革必须重视体育教学评价模式的改革,而高校体育教学模式的改革又必须着眼于调动学生的自主性与积极性,从而达到既让学生"学会",又让学生"会学"的目的。

(一)高校体育教学多元化评价的作用

在高校体育教学改革的过程中,推进多元化的体育教学评价模式改革势在必行。多元化的体育教学评价模式相较于传统的体育教学模式来说,起着十分鲜明的作用。

1.有利于促进学生的全面发展

高校体育教学评价的改革归根结底是为了促进学生的全面发展。多元化的评价体系能够有效地促进学生在体育评价中获得体育知识、运动技能、体育锻炼意识、健康心理素质、合作配合精神等,从而促进学生的全面发展。与此同时,多元化的教学评价模式能够增强学生的创新意识与提升学生的创新能力,通过积极引导学生参与不同类型的体育运动,激发学生参与体育运动的积极性。

2.有利于推动学生的个性发展

与传统体育教学评价单一标准不同的是,多元化的体育教学评价模式充分尊重学生的个性,注重学生的个体差异性,从而有利于推动学生的个性发展。学生个体有着相对较强的差异性,而促进学生从"学会"到"会学"的转变正是体现学生个性发展的重要环节。在高校体育课程的期中或期末考试中,通过多元化的评价内容充分展现学生的不同个性,能够有效促进学生身心的健康成长。

(二)构建多元化高校体育教学评价的途径

构建多元化的高校体育教学评价模式,必须贯彻落实以人为本的教学理念,在体育教学改革过程中充分重视教学评价的作用,同时根据不同的评价主体开展多元化的评价方法。

1.构建多元化的体育教学评价模式

(1)从体育教学评价的主体来看,高校体育教师、大学生都可以而且应该成为评价的主体,教师承载评价的主要功能,学生根据自身表现进行自我评价或同学间进行互评。教师评价、学生自评、学生互评具体情况如下。

①教师评价

教师评价应该包括对学生运动技能与体育理论知识两方面的评价,教师对学生运动技能的评价要充分考虑学生的个体差异性,根据学生入学时的检测结果,结合学生在课堂教学中与课后运动的情况进行评价,并将学生的进步幅度、课堂表现等通过评价结果充分展现出来,从而对那些上课认真、进步快的学生给予一定程度的肯定与鼓励。

②学生自评

学生自评主要是以学生自身为主体,对个人的意志品质、运动观念、学习成绩等进行自我评价,从而使学生更深刻地认识到自身的问题。

③学生互评

学生互评应充分发挥学生之间的取长补短作用,在互评的过程中培养学生互相帮助、合作共赢的理念。

(2)从体育教学评价的项目来看,多元化的体育教学评价应兼顾学生的全面发展。因此,学生的学习态度、档案、合作精神、全面评价等都应该纳入多元化的评价体系内容中。

①学习态度评价

学习态度评价需要通过课堂表现与出勤情况相互结合来评价学生学习态度。出勤是一个硬性指标,出勤次数少的学生可以直接判为不合格;而在课堂表现上,可以通过学习认真程度、反应能力、自学能力、课堂纪律等多方面进行综合评价,这也是对学生进行的比较客观公平的评价。

②档案评价

档案评价是指对学生在不同时期进行不同的评价并且为学生记录档案,根据《学生体质健康标准》对学生每个时期的成绩做出量化表格,通过数据分析了解学生的进步情况,这是对学生学习效果最直接的评价。

③合作精神评价

评价时,注重合作精神评价,既可以提高学生之间的合作意识和合作能力,也可以通过相互配合让学生共同进步。

④全面评价学生,帮助其全面发展

《体育与健康课程标准》中包含五大领域目标,即"运动参与、运动技能、身体健康、心理健康、社会适应",这五大目标都是根据实践进行的总结。因此,在体育教学中运用多元化评价,不仅要注重对学生理论学习同运动技能相互结合进行综合评价,还要对学生认知、情感、态度等方面进行综合评价;通过制定出相应的评价内容,对学生进行多方面评价,最后取得综合体育成绩,在保证学生对体育学习积极性的前提下,使学生身心获得全面、协调发展。

2. 制定符合学生现状的评价标准

教学评价必须遵循"标准统一"的原则。因此,在建设高校体育教学多元化评价模式之前必须制定明确的评价标准,且评价标准必须体现学生的现实情况。教师根据学生的个人情况,本着"因材施教"的理念帮助学生制定符合其自身特点的学习目标,让学生在体育运动和体育学习的过程中能够取得进步。在此基础上,教师要积极引导学生进行自我评价与自我目标的设定,从而推动学生在"学会"的基础上达到"会学"的目的。

制定的评价标准在充分体现并尊重学生个体差异性的同时还要充分体现客观性、公正性、合理性与可操作性。

3. 充分利用现代科学技术

针对当前学生人数众多、情况复杂、信息量大的情况,高校在构建多元化的体育教学评价模式的过程中必须充分结合并利用现代科学技术成果,特别是计算机技术,力求评价体系工作的准确性、便捷性。众多的评价项目与繁杂的评价种类、长时间的评价过程与多等级的换算工作量要求必须借助计算机技术,其中主要是 Excel 工作平台,对各种表格数据进行分类整理和计算,从而为建立多元化、高效率的教学评价模式提供帮助。

4. 保证学生自评和学生互评的公正性、客观性

学生自评和学生互评能够丰富体育教学评价的内涵,体现教学评价的多元化,但是必须保证学生自评和学生互评的公正性与客观性。学生由于身心发展尚未完全成熟,在开展涉及自身乃至他人利益的评价环节时可能会产生有从众心理、以自我为中心、附和权威、以偏概全等问题,从而影响评价结果的客观性与公正性。因此,教师必须充分扮演好自身的引导者角色,从而避免学生自评、互评流于形式。

综上所述,推动高校体育教学评价模式改革在当前高等教育改革背景下刻不容缓,改革体育教学评价模式必须遵循多元化的原则,从评价主体、评价标准、评价内容、评价手段等多个领域综合着手,共同发力。

(三)推行高校体育教学评价多元化模式应注意的事项

1. 评价必须有明确的内容和标准

教师需要根据学生的个人情况设定不同的评价和进步目标,这样能够帮助学生在每次参加体育活动的时候有进步目标,引导学生自评,使学生看到自己的进步,帮助学生树立学习自信,关注自身的优点和长处。

2. 合理制定评价标准

制定出客观、合理的操作标准,构建正确的评价体系和机制,帮助教师运用科学的量化表格,进而提高学生素质与能力。

3. 引导与要求学生自评、互评应客观公正

在评价过程中,学生的评价并不是特别准确的,在这个过程中会出现一些

附和心理、从众心理等。所以，教师在评价的过程中一定要对学生进行引导，给学生传递正确评价的重要性，并且为学生创造出民主、和谐的评价氛围，关注个体差异性，要求学生的评价客观、公平，使评价不是出于形式的。

4. 利用计算机，力求准确、快捷

实施多元化教学评价的高校模式会出现较多的数据，会在成绩汇总中遇到很多烦琐枯燥的内容，可以借助计算机更加准确、快捷地对数据进行科学的管理分析，得出准确评价结果。

二、基于"四种能力"培养的体育艺术类专业教学评价体系构建

(一)评价体系设计原则

1. 适用性原则

时代发展对体育艺术类人才培养提出新要求、新期待。体育艺术类人才培养不仅要满足上岗就业要求，适应社会、企业用人需求，还要培养学生具备"四种能力"，为学生职业生涯发展及自主创业选择提供准备。因此，体育艺术类专业教学成效评价体系应能反映以上人才培养的要求与目标。

2. 科学性原则

在设计评价体系时，要严格遵守体育教育的客观规律和体育艺术类人才培养目标，科学、客观地选取评价指标和量化指标，做到评价指标与教学目标相一致，反映目标要求；各指标既要相对独立又能相互兼容，能从不同角度反映目标的要求；评价指标既要全面又能突出重点，且易于量化和比较。

3. 可行性原则

选取的评价指标所涉及的信息应易于收集和比较，评价体系的设计应符合评价的目的与功能，可直接作为工具应用于对体育艺术类教学成效进行量化评价，并在此基础上，为高校教学管理部门和实施群体对体育艺术类专业教学改革明确方向及改革重点，为不断提升院校实践教学质量提供参考借鉴。

(二)评价体系框架

通过以上分析，高校体育艺术类教学以培养学生具备"四种能力"为目标，从培养目标实现情况对体育艺术类专业教学成效进行评价。结合对"四种能

力"内涵的理解,针对各种能力培养的侧重点,遵循评价体系设计原则,在梳理现有研究成果对体育艺术类专业教学成效评价所选取评价指标的基础上,通过征求高校各专业负责人、实践教学承担教师及教学质量监控管理中心负责人、用人单位等对如何具体评价学生"四种能力"培养程度的意见进行综合汇总,分别从实践能力、创造能力、就业能力、创业能力四个维度,选取既能反映学生该项能力又可进行量化评价的具体指标作为三级指标,构建教学成效评价指标体系(表 6-1)。

表 6-1 基于"四种能力"培养的体育艺术类专业教学成效评价指标

评价指标		评价内容
体育艺术类专业教学成效评价	实践能力	信息加工处理能力
		组织沟通及团队协作能力
		解决实际问题的能力
		体育艺术类项目比赛获奖率
		职业资格证书获取能力
	创造能力	创造性态度的积极程度(创新意识、创新思维、创新精神)
		创造性行为的活跃程度
		创造性成果的成功率
	就业能力	个人职业规划与目标设定能力
		就业率
		专业对口度
		用人单位对学生的满意度
	创业能力	创业意识、创业思维和创业精神
		对市场的洞察力和判断力
		创新创业大赛获奖率
		毕业五年内创业率

在指标体系权重确定方面,层次分析法(AHP)、因子分析法、熵权法是目前较为常见的指标权重赋权方法。其中,层次分析法,由匹兹堡大学萨蒂(T. L. Saaty)教授于 20 世纪 70 年代首次提出,是一种解决多目标的复杂问题的定性

与定量相结合的决策分析方法。其原理是根据问题的性质和要达到的总目标，将问题分解为不同的组成因素，并按照因素间的相互关联影响以及隶属关系将因素按不同层次聚集组合，形成一个多层次的分析结构模型，从而最终使问题归结为最低层相对于最高层的相对重要权值的确定或相对优劣次序的排定。这里所构建的体育艺术类专业教学成效评价体系整体框架与层次分析法基本原理相一致。下面采用层次分析法，基于"四种能力"建立体育艺术类课程评价体系框架(图 6-2)。

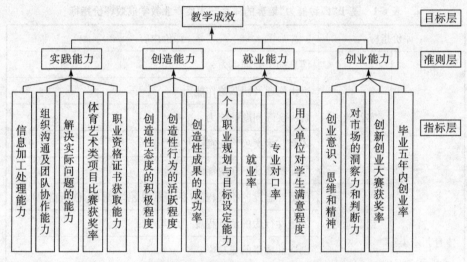

图 6-2　基于"四种能力"的体育艺术类课程评价体系框架

　　通过基于"四种能力"培养的体育艺术类专业教学成效评价体系各指标问卷调查分析发现，就业能力、实践能力是评价体育艺术类课程教学成效的重要维度。用人单位对学生的满意度、解决实际问题的能力、就业率这三个指标对体育艺术类专业教学成效影响最大，这与高校人才培养首要目标(为企业培养输送高素质应用型人才)相一致；同时，为满足学生未来职业生涯发展及自主创业的需求，在提升学生实践能力、就业能力的同时，对学生的创造能力、创业能力的培养也不可缺少，特别是要在日常实践教学中注重对学生创造性意识、创业意识、创业思维和创业精神的引导与培养，提高学生对市场的洞察力和判断力，鼓励学生积极参与各种创造性活动，充分发挥实践教学对学生"四种能力"的培养作用，从而真正提升体育艺术类专业教学成效。

三、体育艺术类课程学习评价实践——以大众艺术体操课程为例

(一)大众艺术体操培养目标

大众艺术体操培养目标主要包括两点:第一,培养具有良好的思想道德素质与科学人文素养,有较强的终身学习能力和用体育艺术元素丰富舞蹈表演(舞蹈表演专业包含体育舞蹈、健美操、啦啦操、大众艺术体操)的创新实践能力的人才;第二,培养具备舞蹈表演、教学、创编、传播等综合知识与能力,能够胜任中小学、培训学校及相关机构的舞蹈教学、舞蹈表演、市场拓展等方面工作的"厚基础、高素质"应用型人才。

总之,大众艺术体操课程重在培养具备素质高、基础厚、实践性强、创新能力强的应用型人才。在实践能力上,要求学生具备大众艺术体操专业表演与实践锻炼能力、创造设计与编制导演的能力、组织体操培训能力、开展大众艺术体操专业教学与管理的社会工作能力。

(三)大众艺术体操评价指标要素构成

评价指标的设计,应当包含大众艺术体操学生应掌握的两大实践能力:一是开展大众艺术体操锻炼实践的能力,二是从事大众艺术体操教育教学的工作能力。评价指标具体包括四大课程学习评价要素,分别为基础知识、基本技能、学习态度、进步情况。基础知识包括大众类艺术体操在内的体育理论知识,是学生掌握各项体育技能的基础;基本技能包括基本的艺术体操动作、技巧、身体素质锻炼、完成成套球操、绳操等技能,是学生能否最终具备表演、训练、设计、编导、教学与鉴赏等能力的关键;学习态度是支配学生积极参与课程学习必不可少的内在动力因素,其主要构成因素为学生参与课程学习的认知、情感体验、课程表现与学习行为;进步情况指学生在参与课程学习后获得的具体成绩和能力与之前比较的具体进步情况,是考核学生学习成果的最直接、最可观的指标。

从培养大众艺术体操专项学生的艺术体操实践锻炼能力与教育教学能力的角度剖析四大课程学习评价要素。基础知识与基本技能属于大众艺术体操实践锻炼必备的知识与技能,是个人开展大众艺术体操锻炼与参与社会教学、管理工作的基础。学习态度是学生在学习过程中的心理素质,不仅关系到学生在大众艺术体操课程学习中的表现,也对个人参与社会教育教学工作产生极为

深刻的影响。学生必须拥有良好的体育锻炼的心理素质与积极健康的体育心态才能够在以后的教学与社会管理工作中做好本职工作,进而带来良好的社会效益。进步情况是衡量学生经过一段时间的学习后,学生是否掌握通过课程所学技能与知识的最直接的标准。既能体现了学生对课程中的基础知识与基本技能的学习与熟练情况,也能侧面反映学生的课程学习态度。

(四)艺术体操课程评价内容

根据以上评价标准、内容、评价方法与评价体系的设计讨论结果,构建基于体育学习视角的大众类艺术体操课程学习评价体系。第一,将基础体育理论知识、体能与运动技能、学习态度、体能与运动技能进步情况、合作精神与情感表现五大内容作为一级评价指标。第二,基础体育理论知识的二级评价指标为理论基础知识与技能基础知识,体能与运动技能的二级评价指标为身体素质与体能、运动技巧与技能,学习态度的二级评价指标为出勤情况、参加课程身心投入情况、参与体操活动的主动性、思考与练习的主动性、接受教师指导的主动性,体能与运动技能进步情况的二级评价指标为艺术体操体能进步情况、艺术体操动作规范进步情况、艺术体操运动技能进步情况,合作精神与情感表现的二级评价指标为自信而不胆怯、运用体操调控情绪、克服困难并坚持锻炼、遵守规则与裁判、加强人际交往与合作、勇于承担学习责任与善于交换意见。遵循科学性与合理性的原则,将基础体育理论知识、体能与运动技能、学习态度、体能与运动技能进步情况、合作精神与情意表现分别作为核心的评价内容。

(二)艺术体操课程学习评价的注意事项

第一,大众艺术体操课程学习评价的标准与指标应当是能够量化的、操作性比较强的。这样才能切实可行地对学生的学习情况、进步情况、成绩等进行评价,其评价结果也更加有针对性。

第二,课程学习评价标准适用于所有大众艺术体操学生,并且能够有效地反映学生的整体学习情况。课程学习评价应当有助于促进学生身心的全面发展,既能够激励学生发挥其优势,又能够促使学生改变劣势,进而全面促进学生的艺术体操知识与技能的增长,激发学生的创新能力,而不是以学期末成绩作为唯一的课程学习评价标准。

第三,教育的主要目的是促进学生的全面发展,课程学习评价应不仅要着眼于学生目前的课程学习情况,更要关注学生学习课程后的未来发展变化,要求尊重学生的差异性,并激发学生参与课程学习的动力,促进学生的未来发展与变化。

第四,大众艺术体操课程学习评价应秉承评价内容的多元化、评价主体的多元化与评价方式的多元化的理念。评价内容多元化不仅要关注学生的知识与技能掌握程度,还要关注学生的身心健康情况、进步情况、学习态度、课程学习表现等多个方面。评价主体的多元化要摒弃以往以教师评价为主的模式,提倡学生参与评价、小组评价。评价方式多元化不仅要有终结性评价,更要增加过程性评价、持续性评价等。

参考文献

[1] 张建锋. 大学生实践能力培养模式探索与实践[M]. 成都:电子科技大学出版社,2016.

[2] 李正贤. 多重理念下的高校体育教学改革研究[M]. 北京:中国原子能出版社,2020.

[3] 江小涓. 体育产业发展:新的机遇与挑战[J]. 体育科学,2019,39(7):9.

[4] 白震,王幸新,杨莉. 当代体育产业多元化发展研究[M]. 长春:吉林人民出版社,2021.

[5] 王志光. 体育产业蓝皮书:江苏省体育产业发展报告(2019—2020)[M]. 北京:社会科学文献出版社,2020.

[6] 李荣锦. 江苏特色小镇 2020[M]. 南京:江苏人民出版社,2020.

[7] 夏锦文,吴先满. 新时代江苏经济社会高质量发展研究[M]. 南京:江苏人民出版社,2020.

[8] 邱伯聪,潘春辉,钟伟宏. 体育多元教学论[M]. 长春:吉林人民出版社,2020.

[9] 方婷. "五星教学模式"在高校健美操选项课教学中的应用研究[D]. 广州:广州体育学院,2018.

[10] 姜飞霞. 五星教学模式在高校公共体育啦啦操课程教学中的应用研究[D]. 南京:南京师范大学,2020.

[11] 韦天翼. 浅析科学发展观指导下大学生四种能力的培养[J]. 兰州教育学院学报,2011(4):90-92.

[12] 杨杰,牛海英,于林平,等. 依托学科竞赛,促进大学生"四种能力"培养[J]. 高等建筑教育,2016(05):156-159.

[13] 李耀辉. 大学生实践能力培养的探索和研究[J]. 当代教育实践与教学研究,2017(6):165.

[14] 郑纯. 大学生实践能力培养与提升路径研究[J]. 当代教育实践与教学研

究,2019(15):172-173.

[15] 阚颖嫱.健美操实践教学的困境及化解途径研究[D].吉林:吉林体育学院,2018.

[16] 王硕.体育艺术表演专业学生实践能力培养体系——以西安体育学院为例[J].体育科学研究,2017(4):72-75,81.

[17] 张玉萍.体育艺术类项目学生社会实践能力培养的研究[J].当代体育科技,2017(7):236-237.

[18] 黄永莲.校园文化活动提升学生专业实践能力传承创新研究[J].中国多媒体与网络教学学报(上旬刊),2019(9):206-207.

[19] 曾正家,张德利.课余体育训练对大学生实践能力影响——以安徽省高校为例[J].商丘师范学院学报,2021(9):64-67.

[20] 王海宏.体育院校社会服务职能的实践探索——体育服务中心的构建[J].体育世界:学术版,2017(4):43-44,46.

[21] 杨满强.体育教学中培养学生创新能力的方法[J].文理导航,2019(11):82-83.

[22] 张璐.大学生创造能力培养现状与对策分析[J].安阳工学院学报,2008(5):112-114.

[23] 夏新颜.论大学生创造能力的培养[J].教育与职业,2006(18):75-76.

[24] 罗圣淮.论大学生创造能力培养[D].南昌:南昌大学,2006.

[25] 李德玉.发挥体育教学功能,培养学生创造能力[J].中州大学学报,2003(2):94-95.

[26] 王作勇.在体育教学中学生创新意识和创造能力的培养[J].齐齐哈尔师范高等专科学校学报,2012(1):116-117.

[27] 胡亚娟,陈忠英.如何在健美操教学中培养学生的创造能力[J].辽宁体育科技,2008(2):88.

[28] 刘莹.浅析体育舞蹈在教学中创造能力的培养[J].搏击·武术科学,2011(12):123-124.

[29] 石晶鑫.论健美操教学中形象思维能力的培养[J].文体用品与科技,2013(24):126.

[30] 孙绍宁.高校健身操课中创造能力的培养[J].广西教育学院学报,2006(4):80-82.

[31] 蔡纲. 武术教学中学生创新精神和创新能力培养研究[J]. 武术研究,2008(6):56-57.

[32] 张晓丽. 民族舞教学中学生创新能力的培养[J]. 音乐时空,2014(11):189.

[33] 陈青. 浅析高职体育教学对大学生就业能力的培养[J]. 考试周刊,2016(47):110.

[34] 王艳红. 高校体育教育与大学生就业能力的培养研究[J]. 社科纵横,2016(5):148-150.

[35] 刘泽林,王世斌,程洪玲. 以就业能力为导向的体育职业院校人才培养模式研究[J]. 中国市场,2018(25):180-183.

[36] 闫丽敏. 普通高校体育艺术人才培养供给侧改革研究[J]. 学园,2021(15):54-56.

[37] 杨中亚,常丽娟,莫琰,等. 基于体育师范生就业能力供需耦合度的实践课程优化路径[J]. 体育视野,2022(13):127-129.

[38] 吴佳. 大学生课外活动参与程度、就业能力及其相关性研究[D]. 南京:南京师范大学,2021.

[39] 刘晓玲. 高等体育院校武术套路专项本科生就业能力培养研究[D]. 北京:北京体育大学,2020.

[40] 周振乾. 以就业为导向的大学体育教学方法改革探析[J]. 智富时代,2018(11):248.

[41] 马萱. 新疆师范大学表演专业(体育艺术表演方向)毕业生就业状况的调查研究[D]. 乌鲁木齐:新疆师范大学,2022.

[42] 李颖. 高等院校运动训练专业大学生就业能力形成与发展阶段[J]. 河北大学学报:哲学社会科学版,2013(6):159-160.

[43] 李洪磊. 高校运动队建设对大学生就业能力培养的价值维度探究[J]. 体育师友,2019(2):71-72.

[44] 段美. 大学生创业能力培养问题研究[D]. 保定:河北农业大学,2011.

[45] 庄郁香. 大学生创业能力培养的现实困境与机制建构[D]. 南京:南京邮电大学,2022.

[46] 宋婧菡. 我国体育院校舞蹈表演专业学生创业能力研究[D]. 北京:北京体育大学,2019.

[47] 边疆,周辉. 论体育精神对提升大学生创新创业能力的影响[J]. 甘肃教育

研究,2022(10):118-120.

[48] 覃巍,林庆娜. 艺术素养对大学生就业和创业的作用研究[J]. 大众文艺,2013(20):246-247.

[49] 陈芳. 体育院校艺术类专业"双创"现状之发展路径探究[J]. 体育风尚,2020(10):258-259.

[50] 刘愉佳. 基于创业型为导向的表演(体育)专业课程设置研究[D]. 湘潭:湖南科技大学,2017.

[51] 张莉莉. 高校健美操教学中学生创新创业能力培养探析[J]. 河北农机,2018(1):65-66.

[52] 张琳,白晓晶. 微时代下高校健美操教学对学生创新创业能力的培养研究[J]. 当代体育科技,2020(35):88-90.

[53] 张锦辉. 体育教育专业武术教学创新创业能力培养模式探索[J]. 武术研究,2019(2):96-98.

[54] 刘慧琪. 体育学力视角下体育院校大众艺术体操课程学习评价研究[D]. 武汉体育学院,2020.

[55] 陈娉婷,李培良. 基于"四种能力"培养的高职院校实践教学成效评价体系探析[J]. 高教论坛,2021(5):82-86.

[56] 郭培俊,郭晓曼. 构造有效教学五星模式的研究[J]. 浙江工贸职业技术学院学报,2019(3):62-67.

[57] 林育隆. 高等体育院校设置体育艺术表演专业策划方向的论证[D]. 厦门:集美大学,2010.

[58] 刘绍成. 加强"四种能力"建设,是提高教学质量的有效途径[J]. 散文百家,2019(10):202-203.

[59] 史者. 高校体育艺术课程中融入创业教育研究[J]. 当代体育科技,2016(34):149.